Wide

Wide

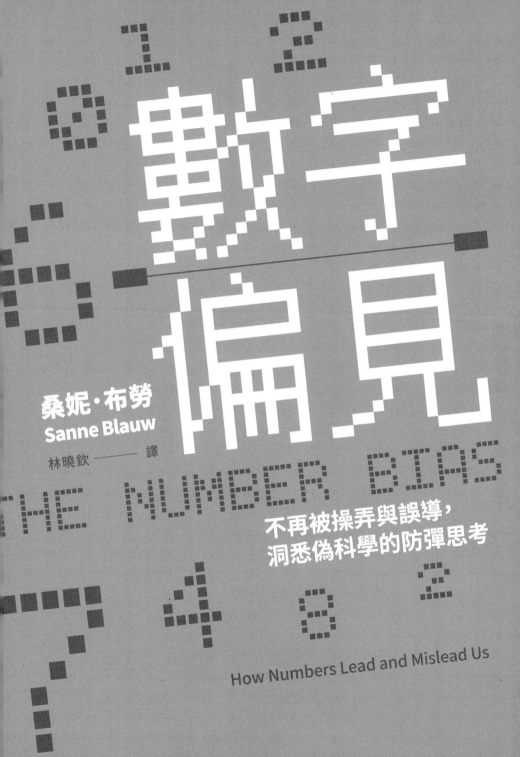

數字偏見

桑妮·布勞
Sanne Blauw

林曉欽———譯

THE NUMBER BIAS

不再被操弄與誤導，
洞悉偽科學的防彈思考

How Numbers Lead and Mislead Us

數字偏見 目錄 Contents

好評迴響

　　本書結合生動故事與權威分析，試圖提醒所有人假如再不提高警覺，數字將會毫不留情地讓我們從此誤入歧途。

　　——提姆·哈福特（Tim Harford），《親愛的臥底經濟學家》作者

　　這是一本令人令人大開眼界的作品！桑妮·布勞結合數學、經濟學和歷史，為我們提供一場豐富的知識饗宴。如果想知道更多，請翻開書，聽她道來。

　　——羅格·布雷格曼（Rutger Bregman），知名歷史學家，《人慈》作者

　　桑妮·布勞生動描述數字如何形塑我們的生活，以及隱藏在數字背後的思維謬誤。如果想對自己的人生「解密」，我衷心推薦這本書！

　　——費克·霍爾斯瑪（Femke Halsema），荷蘭阿姆斯特丹市長

在假新聞充斥、製造真相的時代，桑妮‧布勞以流暢文筆，凸顯出數字如何影響人類決策，以及我們都不應該忽略數據從何，以及為何而來的重要性。

—— 芭芭拉‧巴爾斯馬（Barbarah Baarsma），經濟學家

這本書非讀不可，對於不熟悉數字的人來說—— 這代表大多數的人都該讀。

—— 約尼卡‧斯梅茨（Ionica Smeets），荷蘭萊登大學科學傳播學系教授

我真的非常喜歡這本書。如果要對這本書給星等，我會給五星。如果要給這本書一個分數，我會給9（滿分10分）。桑妮‧布勞帶領讀者進行一場數字偏見的探索旅程，讓數字回歸其應有的位置與價值。給每個害怕統計的學生一個忠告：先讀這本書。

—— 荷雪‧范迪克（Jose van Dijck），前荷蘭皇家藝術與科學學院院長

正如這本傑出的書所展示的，統計數據可以對我們吐實，但也可以撒謊。桑妮‧布勞所提出的觀點，相當難能可貴。

——《泰晤士報》

如果你自認不是一個對數字敏感的人，那這本書你絕對不能錯過。本書深入淺出又夾雜趣味地闡述數字對我們日常生活各方面的影響，包括學業成績、選擇投票給誰，以及衡量經濟是否成長。桑妮·布勞犀利地揭露如果對誇大又別有居心的數據照單全收，我們將會陷入何種危險境地。

——《先驅報》

從新冠肺炎到菸草工業再到氣候危機……人類蓄意扭曲數據的歷史可說由來已久。桑妮·布勞用生動又傑出的文筆，試圖讓社會大眾免受假數據的誆騙，實在功德無量！

——《衛報》

一本主題是數字的書可能會嚇跑一堆讀者，但桑妮·布勞用她通俗又簡潔的說故事風格（而非數據），平鋪直敘地呼籲讀者應該將數字當成決策的選項，而非決策本身。

——《愛爾蘭星期日商業郵報》

保持警覺，莫掉入數字陷阱

張瑞棋

我們的生活中充斥各種統計數字，這些數字所產生的影響不容小覷，甚至會左右我們的行為。例如政黨會根據民意調查推出候選人、用數字說服你支持其政策；廠商會引用研究數據告訴，你他們的產品有多棒。除了這些推銷式的資訊，你自己在做重大決策時，也會參考各種數字，例如用排行榜來選大學、用平均薪資來選擇就業的產業與公司、用保護力與致死率來選哪種疫苗。

問題是，你怎麼知道這些數字是否反映出真實情況？甚至有沒有被特意操弄扭曲？就算數字是真的，所引申出的結論又是否正確？

聰明如你，或許已經知道一些常見的統計謬誤，例如調整 Y 軸刻度來誇大或弭平差異、以偏概全——將特例或巧合當成普遍現象，或是把相關性與因果關係混為一談。這些在經濟學家桑妮・布勞所寫的《數字偏見》這本書中也都有提及，但特別的是，她還進一步地指出更深層的謬誤起源。

以「黑人先天智力不如白人」這個謬論為例，這不僅僅是少數人先入為主的種族偏見。布勞舉出實例告訴我們：即使受過高度學術訓練的學者也如此認為，因為他們憑藉的是智力測驗的結果。但其實智力測驗背後有許多商榷之處，例如題目的設計可能本來就對特定族群或背景的人不利、對平均值的錯誤解讀可能推論出不當的比較結果，而將抽象複雜的智力簡化為一個數字又是否恰當？

值得注意的是，這些謬誤往往都不是主持研究的人刻意為之，相反地，他們很可能毫未察覺，以為所得出的數據與結論相當客觀中立，連帶著外界也跟著引用，使得錯誤的結論散播得更遠、更廣。這種情況不僅見於智力測驗，其他諸如民意調查、醫學實驗、科學研究……等也都會有類似的謬誤。

但另一方面，有心人士又會藉此操弄懷疑，為利益團體護航，例如抽菸與肺癌的關係、地球暖化與氣候變遷的關係。其中最令人感嘆的，莫過於早在1950年代就出版的暢銷書《別讓統計數字騙了你》，揭露各種統計謬誤的赫夫，竟在十幾年後為菸草公司作證，宣稱相關研究不足以證明抽菸與肺癌有因果關係。

看到這樣的角色反轉令人不禁為之氣結，但作者布勞特別提醒我們：我們個人的意識形態，往往也是謬誤的來源。

我們很容易因為研究結果是否令人「滿意」，來決定採信與否，而不是檢視研究方法是否符合科學精神。就像書中所舉考科藍醫生的例子，我們很高興看到他透過試驗比較，成功說服德軍改善戰俘水腫的問題，但其實他後來在自傳中坦承試驗方法有誤，這是他個人最成功，也是最失敗的試驗。

　　對抗數字偏見不是件容易的事，因為從源頭資料如何產生、到資料如何呈現與解讀，乃至我們自己的喜惡，都會造成誤解與偏見。但至少，我們可以從《數字偏見》這本書，知道哪個環節可能出錯，進而提醒自己保持警覺，莫要掉入數字陷阱裡。

　　（本文作者為「科學棋談」粉絲團版主、泛科學專欄作家，著有《科學史上的今天》上下兩冊。）

升級識破數字偏見的能力

黃貞祥

西方有一句著名的諺語:「世界上有三種謊言:謊言、該死的謊言、統計數字。」(There are three kinds of lies: lies, damned lies, and statistics.);另有一句和騙子有關:「騙子有三種:單純的騙子、該死的騙子、專家證人。」(the liar simple, the damned liar and the expert witness),前者據說是來自美國作家馬克・吐溫(Mark Twain),他還說過另一句諺語:「給你帶來麻煩的,不是你不知道的東西,而是你自以為很了解的東西。」(It ain't what you don't know that gets you into trouble. It's what you know for sure that just isn't so.)

馬克・吐溫儘管已過世百年,世人似乎還未學到教訓,除了使用統計數字的專家證人之外。換句話說,國家、政權或即得利益者,更加擅長利用統計數字來蒙騙民眾。然而,一般民眾也並非只能坐以待斃,有許多有識之士會站出來,戳穿這些陰謀詭計。可是道高一尺、魔高一丈,當騙術被識破後，謊言也會升級，雙方你來我往的較量，就像是軍備競賽一樣，新招層出不窮。作為社會大眾，我們當然也要升級跳出謊言誤區的能力！

在眾多升級我們思維能力的書籍中，這本《數字偏見：不再被操弄與誤導，洞悉偽科學的防彈思考》特別值得推薦給社會大眾一讀，因為身為荷蘭新聞網站《通訊員》的記者，作者桑妮・布勞比起許多學者，更擅長用精簡扼要、通順易懂的文字，來讓我們了解到數字、分數、排名、民意調查和大數據等統計數字，如何讓我們自以為理性地理解這個複雜的世界。

就因為政客和有心人士掌握了愈來愈多話術能力和話語權，有不少不甘受騙的民眾，改而更加相信統計數字，認定語言文字能夠騙人，可是統計數字不會。前蘇聯獨夫史達林（Joseph Stalin）有句名言：「死一個人是悲劇，死一百萬只是統計數字。」，難道統計數字就不會讓我們對千千萬萬的具體案例無感，還有見樹不見林地錯失了豐富的細節嗎？《數字偏見》帶我們還原歷史現場，用故事串連脈絡，讓我們認識到從什麼時候開始，我們愈來愈相信統計圖表。

為了打動英國政府以拯救更多傷兵的生命，英國護理師及統計學家佛蘿倫絲・南丁格爾（Florence Nightingale）使用了統計圖表，成功地說服了政府當局。爾後，人類經歷了標準化的過程後，發展出了蒐集和分析資料的方法，統計數字和圖表的流行，迄今仍可說是方興未艾。只要受過文明社會的義務教育，不管使用的語言為何，都能夠用相同的數字和單位溝通，因此簡單易懂的圖表比起千言萬語，可能更能無遠弗屆地快速打動人心。

然而，不管是不同種族的智商也好，經濟的GDP也好，我們測量的目標，只是我們人為的選擇。哪些認知能力或經濟數字更放入公式中，比重要分配多少，畢竟是少數專家說的算。這些專家甚至可能事後告知我們，他們當初的選擇，只是權宜之計，受限於他們當時取得資料的便利性等，可是後世卻奉為圭臬；加上要計算哪些東西，還涉及價值判斷，從不會是純客觀的；我們也只能事後諸葛地測量我們能夠計數的。可是當整個社會陷入用統計數字排名的迷思中，就受到了少數專家、媒體、團體的操控，投入大量資源玩囚徒困境的魷魚遊戲，例如全球大學排名其實就只是少數機構牟利的工具。

抽樣的偏誤，也多次造成了民調和選舉結果有重大出入。有心人士甚至還可以調整資料蒐集的方式，以得出錯誤的統計數字來誤導社會大眾，《數字偏見》其中一章揭露了西方菸草產業如何操縱學者來誤導社會大眾，甚至還反向操作，向莘莘學子宣導「吸菸是大人的行為，千萬不要學喔」，誘導叛逆期的青少年抽菸耍酷。

大數據和演算法是我們這個時代的顯學，主宰了數以億計的人們每天接觸到的資訊。然而，大數據可能在一些商業行為方面有著前所未有的威力而讓人嘖嘖稱奇，可是大數據畢竟只是蒐集了預先設定好的資料，事實上並無法發現未曾出現的狀況。可是，過度依賴演算法得出的分數，只要個人有些微特殊狀況，就可能成為受害者，甚至萬劫不復！《數字偏見》提出了數個讓我們必須引以為戒的案例。

雖然《數字偏見》意圖揭發統計數字如何誤導我們，但是布勞其實不是個數學不好，所以有酸葡萄心態的人；相反地，她從小就是數字控，並且還投身和數字很有關係的領域——經濟學中。她在荷蘭鹿特丹伊拉斯姆斯大學取得經濟學博士學位，但也因為意識到數字掌控著太多人的命運，所以決定投身新聞界，並且在這之後接獲許多民眾舉報的數字偏誤。她也認識到，如果再不採取行動，會讓愈來愈多人深受其害。

布勞並非要標新立異地帶領大家起身反數字，她也指出，統計數字是雙面刃，圖謀不軌的是有心人士、既得利益者、政客和極端分子。只要我們都認識到不被數字牽著鼻子走，懂得真正的獨立思考和批判思維，就能不再一味地被數字主宰，活出自己該有的真正價值！

（本文作者為國立清華大學生命科學系助理教授、「Gene 思書齋」版主。）

數字著迷

　　璜妮塔推開門走進滿是灰塵的辦公室，與我握手[1]。她身上那件大又褪色的針織衫，使她看起來更顯嬌小了。當她在我面前坐下後，我用西班牙語表示自己來自荷蘭一所大學，正在玻利維亞從事「幸福與收入不平等之關聯」的研究。我想問她一些問題，以了解她如何看待自己的生活，和國家。

　　這不是我第一次訪談了。我已經在玻國 10 天，這幾天來我一直在採訪阿根廷與玻利維亞邊界附近的小鎮塔里哈的居民。我曾和市場攤販交談過，與種植草莓的農家暢飲啤酒並和他們的家人一起烤肉——都是為了盡可能多蒐集數據。如今我帶著成疊問卷，來到一個婦女組織的辦公室，辦公室主管提議讓我和女性工人接觸，於是我開始訪問璜妮塔。

　　「讓我們開始吧。」我說。

　　「請問您今年貴庚？」

　　「58 歲。」

「請問您屬於哪一個族裔團體？」

「我是艾馬拉（Aymara）人。」

哈哈，我內心一喜，她屬於這裡的原住民團體之一，也是我之前一直沒有接觸過的族群。

「請問您的婚姻狀態？」

「我單身。」

「您可以閱讀嗎？」

「不會。」

「寫字呢？」

「不會。」

我繼續提出各種問題——她的職業、教育程度，以及是否擁有手機、冰箱或電視。

當我詢問她的薪資時，她說：「我1個月的工資是200玻幣（約800新台幣）。」這數字遠低於當時的總統埃沃‧莫拉萊斯（Evo Morales）在不久前制定的最低薪資：815玻幣（約3260新台幣）。「如果我要求更多薪資，我擔心老闆會開除我。畢竟我住在帳篷裡。」

我在荷蘭伊拉斯墨大學（Erasmus University）的博士論文研究主題是：幸福和收入不平等。我的研究室桌子後面，掛著我用PowerPoint繪製的5張圖表，每張圖表顯示不同的收入分配。

但在玻利維亞進行研究的第一天，我就發現我探索收入不平等的問題，並無法適用於所有人。如果我採訪的市場攤販都不了解這些圖表代表什麼，我又怎麼能期待無法讀寫的璜妮塔，可以理解有關收入不平等的問題？

但就在我繼續發問之前，她主動開口：「妳知道玻利維亞有什麼嗎？」她突然坐起身子。「我們有一大群窮人，跟一小群非常富有的有錢人。窮人跟有錢人之間的差異只會愈來愈大。而且你是否會感到奇怪，這個國家沒有人會互相信任？」

在未事先告知的情況下，她描述了我的圖表中，圖A所代表的意義。而且她還立即回答了我另外兩個問題：關於她對玻利維亞的未來，和相互信任度的看法。我完全低估了她。我的臉色漲紅，但我裝作若無其事地繼續訪談。現在已經到了最後幾個問題。

「用1到10來評分，妳覺得自己有多幸福？」

「1分。」

「用1到10來評分，5年內妳覺得自己會有多幸福？」

「1分。」

••••

我想就是在2012年的這次訪談中，我開始對數字抱持懷疑。在此之前，我一直都是個**數字消費者**。我閱讀論文或看新聞時就會接觸到數字。攻讀計量經濟學學位時，我的教授提供許多關於數字的文獻，我也從諸如世界銀行等組織網站下載官方的正式數據資料。

　但這次，我並沒有獲得一份早已完成的表格。我就是那個負責蒐集資料的人。我已經進入博士班一年了，與數字為伍已經成為我的專業，但與璜妮塔的對話，卻讓我的信念開始動搖。我想調查她的幸福程度，卻發現根本無法用數字來表達她在帳篷裡的慘澹生活。我聽到她對收入不平等的看法，我卻只能從圖表 A、B、C、D 或 E 中試圖做個詮釋。她所說的大部分內容根本無法計量（counted），卻有重要的價值（count）。

　璜妮塔也教會了我一些其他事情。我認為幸福可以衡量。我試圖藉由圖表來詢問抽象問題。我以為璜妮塔沒有聰明到能探討諸如收入不平等這種艱深問題。如果其他人的研究問題相同但彼此抱持的信念不同，那麼他們可能就會得出截然不同的結果。數字應該是客觀的，但我卻倏然發現，數字與研究者間的關係是如此強烈。我其實對於數字背後所代表的意義，保有主觀的強烈影響。

　與璜妮塔談過之後，我將她的資料輸入至 Excel 試算表：年齡 58 歲、月收入 200 玻幣、幸福指數 1。這張表看起來非常整齊乾淨，就像我多年來做過的其他試算表一樣。然而突然間，我看到了這些數字背後的誤導性。

••••

　我在孩提時期就是一個數字控。當我還只會數數時，我就超愛連連看。我人生最初的記憶之一，就是在德國的黑森林渡假時，我用數字連成一個雪人。幾年後祖父母送我一臺LED時鐘，每到夜晚我躺在床上凝試著LED燈顯示的數字，並開始心算4個數字的加總之和。在高中時，數學是我最愛的科目，我最後決定攻讀計量經濟學博士學位。透過計量經濟學，我學到經濟模型背後所有統計數據的所有知識。我計算、分析並編列數據。因此，我重新回想起當初曾經在那些連連看中獲得的樂趣：找到數字背後的模式。

然而，數字在我的生命中還扮演另一個重要角色：數字讓我找到棲身之地。在5歲至26歲之間的求學時期，我試圖獲得各種學業獎項，用它們來衡量自己的表現。如果成績很低，我會感到非常沮喪；如果成績不錯，我會高興得像在天空翱翔。縱使幾天後早忘了背誦過什麼，我也不在乎，只要我的平均成績看起來不錯。甚至在校外，數字也控制著我。從玻利維亞回來時，我看到磅秤上的數字：56、BMI指數18.3，我感到非常自豪。

我並不是唯一一位受數字影響與牽引的人。我的大學同窗如果能在科學期刊上發表大量論文，就會獲得升遷機會；在我母親服務的醫院，每年該院總是半期待半又怕受傷害地等待年度百大醫院評鑑成績揭曉；而我的父親，65歲一到就非得退休不可。

直到後來我才意識到，與璜妮塔的交談使我了解關於數字的某個重要特質。正如我影響了自己所蒐集的數字，我周遭的人也同樣受了數字的影響，用數字來作為自身生命的指引。老師用數字來計算測驗成績；醫師用數字評估BMI指數是否良好；政策制定者則用數字，決定你我該停止工作的時間。

···

2014年拿到博士學位後，我決定投身新聞界，因為自從和璜妮塔見面後，我發現**數字背後的故事，比數字本身更有趣**。我開始在荷蘭線上新聞平臺《通訊員》（*De Correspondent*）任職，並從事數字記者工作。藉由這個工作，我不僅希望能完整地跟讀者解釋數字是如何產生的，也試圖邀請讀者一起思考一個問題：我們是否應該終結數字在社會中的統治地位？

很快地，我發現努力沒有白費。讀者開始寄給我各種失真的民調結果、似是而非的科學研究以及極具誤導性的圖表。而且許多錯誤都是我在攻讀博士學位時也曾犯下的錯誤。當時在參加研討會以及對於我的論文的評論中，讓我明白自己所提出的樣本並不具備代表性，而且也混淆了相關性與因果關係。如今，在新聞界用於詮釋世界局勢、國會議員制定政策以及醫師提出健康決策時的種種數字之中，我看見我曾犯過的完全相同的錯誤。**原來，這個世界充斥錯誤的數字。**

關於數字的其他報告也讓我感到困擾。我聽說有父母收到幼兒園所提出的孩童學校表現報告，但他們的孩童只有 1 歲而已；警方為了達成取締額度而開罰單；優步（Uber）司機只因評分數字過低而面臨解雇。

我愈來愈清楚一件事，那就是**數字決定著這個世界的運作方式**：從退休年齡到臉書點擊次數，從國內生產毛額到薪資收入。數字的力量只會愈來愈強。大數據演算法在公部門與私部門中有如雨後春筍。在愈來愈多的情況之中，發號施令的已經不是人類，而是**數字**。

我們彷彿都受到數字的集體催眠。文字被不假思索地批判，數字卻毫無束縛。擔任新聞工作者幾年後，我已經找到結論，那就是數字對於我們的生命有太大的影響力。數字變得如此強大，我們不能繼續忽視數字的濫用情形。如今，就是終結數字主宰一切的時刻。

••••

但是請各位不要誤會，這不是一本「反數字」的書。就像單字一樣，數字是純粹的；真正犯錯的，是使用數字的人類。這本書的主題就是那些人，那些人的思考錯誤，那些人的直覺，與那些人的利益。我們將會遇見**將種族歧視藏在統計數據的心理學家、用可疑方式蒐集數據的世界知名性學專家以及刻意捏造數據殘害百萬人的菸商巨擘**。

但這本書的主題也是我們，因為你我都是數字消費者。

因為我們允許自己受到數字的領導與誤導。實際上，數字會影響你喝什麼、吃什麼、在哪工作、收入多少、居住地點、結婚對象、投票選擇、是否獲得房屋貸款，和必須為健康保險支付多少。數字，甚至影響你的病情將會惡化或康復，掌控你的生與死。

你我其實別無選擇，即使是一位不關心數字的人，數字依然影響著每個人的人生。

這本書希望褪除數字世界的神祕，希望每個人看完這本書後，從此都可以正確地判讀數字是否被善用或遭到誤用。然後，我們就能有自信地自問：我們希望數字，在人生中扮演什麼角色？

現在是時候把數字放在正確的位置上了。數字不該被銘功頌德，也不該被棄如敝屣，而是回到正確的位置：文字身邊。

不過在達到這個目標之前，我們必須回到最初。人類對於數字的著迷，究竟起源於何時何處？請容我向各位讀者，介紹史上最有名的護理師：佛蘿倫絲・南丁格爾。

第  章

數字可以拯救生命

Numbers can save lives

英國士兵在兵營的腐朽木床上逐漸失去生息，蝨子在他們身邊爬竄。他們一個接著一個死亡。

　佛蘿倫絲‧南丁格爾在克里米亞戰爭期間工作的醫院人滿為患，那些醫院簡直就像屠宰場。放眼望去的那些活骷髏[1]，讓她永遠無法遺忘。克里米亞戰爭是俄羅斯、英國、法國、薩丁尼亞以及土耳其之間的戰爭。1854年末以來，南丁格爾一直都在斯庫塔利（Scutari）的軍事醫院擔任護理長，斯庫塔利就在如今土耳其首都伊斯坦堡的東方。但是英國的軍事醫療系統如此敗壞，也使得南丁格爾的工作不只是單純的護理，還要負責煮飯、洗衣以及填寫使用資源的單據，所以有時候她必須工作20小時。幾星期之後她剪去濃密的棕色長髮，因為根本沒時間整理。她身穿的黑色洋裝逐漸變得骯髒，她的白色無邊軟帽出現一個洞。而在每次進食的空檔（如果她真的找得到時間進食），她還得寫信給戰場外的世界。一切都是為了讓士兵們能保住性命。

但她的付出依然不夠，太多太多生命從她身邊逝去。在寫給英國軍務大臣席尼‧赫伯特（Sidney Herbert）的信中，南丁格爾說道：「我們每24小時就要埋葬屍體。」1855年2月是情況最惡劣的時刻，有超過半數士兵戰死沙場。大多數士兵的死因不是傷口，而是原可避免的疾病。當地排水系統嚴重阻塞，導致建築物的地下室成為充滿汙水和排泄物的巨坑；公共廁所的排泄物直接進入蓄水池。此處的環境必須改變。

與此同時，由於克里米亞戰爭所引發的批判，也導致英國政府瓦解。新首相亨利‧約翰‧坦普（Henry John Temple）決定採用不同的行動方針。他設置「衛生委員會」（Sanitary Commission），想避免更多士兵死於斯庫塔利。1855年3月4日，在南丁格爾抵達斯庫塔利的4個月後，增援終於來了。

該委員會認為當地醫院的環境「足以殺人」，於是決定開始著手改變。他們清理超過25隻的動物屍體（包括一匹屍體已進入腐爛階段的馬，就是它阻塞了供水系統）。他們在醫院屋頂鑽孔讓空氣流動，重新粉刷牆壁，拆除腐朽的地板。1856年克里米亞戰爭末期，斯庫塔利軍事醫院的模樣已截然不同，非常乾淨、整齊，且士兵死亡率大幅降低。促進軍事醫院轉變的不只是英國皇家委員會，南丁格爾也厥功甚偉。畢竟沒有南丁格爾的遊說，委員會可能永遠不會願意改善斯庫塔利的醫院。回到英國後,南丁格爾得到英雄般的喝采,被譽為「守護天使」。

　　但是,南丁格爾依然覺得自己失敗了。離開斯庫塔利之後,南丁格爾在日記中寫道:「可憐的士兵們,我覺得自己是你們的惡母,因為我獨自回家,讓你們躺在克里米亞的墳墓之中。」

　　無數的死亡、擁擠的病房以及蟲蟲,在南丁格爾心中揮之不去。斯庫塔利醫院的環境或許已經改善了,但軍隊照顧生病與受傷士兵的方式與環境,依然惡劣到令人感到沮喪與悲傷。許多人為此付出性命。

　　南丁格爾決定發起一場革命。她善用自己的經驗、人脈以及剛獲得的明星地位,說服掌權者相信更好的衛生環境就是當務之急。在這場戰鬥中,南丁格爾使用的武器,就是**數字**。

• 人類的數字狂熱起源

　　佛蘿倫絲‧南丁格爾生於1820年,她的家境富裕優渥。父親是一位進步派人士,相信女孩就像男孩一樣也應該獲得教育,因此,她與姊姊派絲諾普(Parthenope)從小便學習物理學、義大利文、哲學以及化學。

　　南丁格爾也學了數學,她的表現非常優異。從小開始,她就對算術與分類懷有熱情。她從7歲便開始寫信，經常在信中附上清單與表格。她也是謎題書的熱情讀者，例如：「如果世上有600萬名異教徒，假設1名傳教士可感化2萬名異教徒，一共需要多少名傳教士？」

南丁格爾從未失去對數字的興趣。1856年，英國國防部部長詢問她克里米亞的情況如何時，她抓住了機會。南丁格爾用超過2年時間，撰寫一份850頁的報告，並在報告中用數字呈現軍中醫療系統的問題。[2] 她最重要的結論是：許多士兵死於可避免的因素，例如傷口感染與傳染疾病。即使在非戰爭的和平期間，待在軍事醫院接受療養的士兵死亡數字，依然高於染病的平民2倍。南丁格爾認為這種情況的可怕程度，就像每年將1100人帶到索爾茲伯里平原（Salisbury Plain）槍決處死。

縱然南丁格爾的結論令人驚訝，她依然害怕自己提出的結論會迷失在數百頁的文字和統計數字中。於是南丁格爾決定使用色彩繽紛的圖表來表達統計數字，目的是希望能讓讀者一眼就看到重點。她最知名的圖表是使用兩個圖型來代表克里米亞戰爭的2年期間，英國士兵每月死亡人數。南丁格爾再次強調，大多士兵都是死於原本可避免的疾病。

她將上述圖表與其他圖表寄給有影響力的人物，如軍務大臣席尼・赫伯特，當時的赫伯特是英國軍隊健康皇家委員會主席。南丁格爾也向媒體透露自己的研究發現[3]，並央求

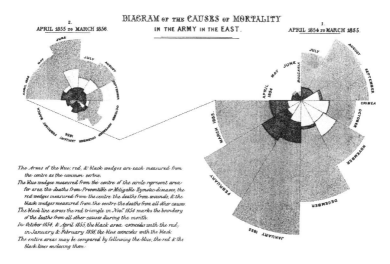

「東方戰場部隊死亡原因或死亡數圖表」。
此為南丁格爾在主題是「英國軍隊的醫療照護」的厚重報告中,所刊登的圖表。

資料來源:*Note on Matters Affecting Health, Efficiency, and Hospital Administration of British Army* (1858).

作家海麗耶特・瑪丁諾(Harriet Martineau)撰寫文章,向社會大眾表達醫療改革的必要性。[4]

　南丁格爾最後成功用數字說服政府當局。在1880年代期間,許多問題都迎刃而解:士兵的飲食獲得改善,有更多機會清洗身體,軍營也變得更乾淨了。[5]由於情況大幅改善,新建的醫院事後也顯得空間過大。「老實說如果病患人數大幅下降,導致傷患人數無法填滿醫院,根本不是我們的錯。」南丁格爾挖苦地說。[6]

．．．．

佛蘿倫絲・南丁格爾是全世界最早使用數字，推動改革
的其中一位人物。[7]毫無疑問地，她確實非常聰明、努力而
且頑固，但她其實也是那個特定時代的產物。在十九世紀期
間，統計首次獲得大幅利用，並持續發展迄今。十九世紀人
類見證民族國家的降臨，因此由於官僚系統的增長，讓人們
獲得更多與公民有關之資訊，如誰死了、誰出生了、誰與誰
結婚了——這類型的資訊在歷史上首次出現大規模的記錄。[8]
哲學家伊恩・哈金（Ian Hacking）用「印刷數字的雪崩」來
稱呼這個發展。[9]科技學者梅格・雷塔・安布羅斯（Meg Leta
Ambrose）則說，這是「大數據的第一次浪潮」。[10]

如今我們每天看到的貧窮與犯罪數字、民事登記數字以
及各種數據圖表，都是起源於十九世紀，迄今不到200年時
間。

數字並非憑空而生。為理解南丁格爾與她同時代的人物
為何開始大規模使用數字（以及他們為什麼具備使用數字的
能力），我們必須更深入地探索歷史，探討十九世紀數字狂
熱前的三個重要發展。

• 標準化的開始

很久以前，人類就開始算數了。[11]迄今流傳最古老的手

寫訊息，內容就是關於數字的符號。烏魯克（Uruk）是一座古代城市，位於現今伊拉克境內，一個來自烏魯克的石板記載：「37個月，收到29086單位的大麥，克魯辛（Kushim）。」石板的年代大約是西元前2400年至3000年。文字的意思可能是某位名叫克魯辛的人，在37個月的時間內，收到將近3萬單位的大麥。

克魯辛可能是人類歷史所記載的第一個名字，歷史學家哈拉瑞（Yuval Noah Harari）寫道：「歷史上第一個記載的名字是一位會計師，不是一位先知、一位詩人，或一位偉大的征服者，這足以說明許多事。」這確實是非常有力的敘述，因為數字是社會發展的關鍵。

身為古代的狩獵採集者，必須記住所需的全部資訊，例如獵物的棲息地、何種莓果有毒以及可以信任的人物。身為小村莊的農夫，必須在腦中儲存所有需要的資訊。但是隨著農業革命，人類開始採用前所未有的大規模合作，合作範圍包括小鎮、城市甚至各個國家。經濟變得愈來愈複雜，金錢取代以物易物，愈來愈難以理解的經濟網路關係也逐漸發展。比如你積欠某人債務，但另一個人應該要還你錢，且你還得向第三人支付房租。於是人類終於遇到障礙，我們再也無法記住所有資訊。

如果國家想向眾多人口徵收稅金，就會遇到上述問題。官員必須找到一種方法來記錄國家所有稅收與支出，而這個方法就是書寫成冊。藉由書寫——也就是記錄誰曾經完成何事，人類不再需要親自記住資訊。正如克魯辛的大麥石板，所有書寫文獻都包括數字。

•••••

　　數字的第一次發展浪潮不僅成為我們開始記錄數字的事實，同時也形塑我們記錄的內容。讓我們先回到克魯辛石板中所傳達的一個訊息：「29086單位」。在這個訊息中，我們不只得到數字29086，也得到「單位」的意思。

　　在歷史的大多數時間中，人類對於測量單位的共識都是以「地方」為單位。[12]每個地方都使用獨有的度量衡單位以符合該地區的需求。以法國為例，土地的測量單位是bicherées，也就是bichet的數量。bichet是英文的浦式耳（bushel），意思是農夫在這塊田地收割的穀物數量；法國也使用journaliers作為土地測量單位，而這個字的意思是葡萄採集者1天能採集的面積。[13]在英文中，我們依然可窺見古代度量衡單位的痕跡，如「一石之遙」（a stone's throw）或「聽力範圍之內」（within earshot）。即使不同的區域使用相同度量衡單位，其意義可能也有大幅差異。舉例而言在十八世紀，法國普雷西蘇蒂（Précy-sous-Thil）使用的1品脫（pint），是巴黎1品脫的3倍大，而巴黎與普雷西蘇帝的距離只有200公里。[14]據估計在十八世紀的法國，一共有25萬種不同的長度與重量測量單位。[15]

就像所說的語言不同，人們就無法相互理解，如果人們使用的數字規格不同，也就無法建立彼此同意的內容。[16] 1999年的一起意外，也證明了沒有相同的數字共識，可能造成何種程度的危險。

1999年，火星氣候探測者號本應該要抵達火星，卻在9月23日於雷達上消失，從此再也無法找到。為什麼會發生這種意外事件？為了順利操作探測者號，兩個電腦程式必須彼此溝通。其中一個電腦程式使用英美系統的「每秒磅力」計算，另一個電腦程式則使用國際通用的「牛頓秒推力」計算。由於溝通錯誤的結果，導致探測者號飛行高度比原定目標低了170公里，因此可能在火星的大氣層中遭到摧毀。[17]

幸運的是，像這樣的問題在現代只會是偶發意外，而不會是常態，因為幾乎全球每個國家都採用國際單位制。不過，這個轉變也確實來自一場意外──更精確地說是一場革命。法國大革命之後，革命派人士決定放棄所有的本土測量單位，他們提出了新方案：公制（metric system）。公尺與公斤等單位更能準確契合科學家的概念，再加上一個重要的考量：公制可讓法國的治理更順利。[18]

如果每個人都使用不同的距離測量單位，那國家要如何徵收稅金？答案當然是無法徵收。雖然花了一些時間，但公制──以及後來的國際單位制──從法國推廣至幾乎全球所有國家。只有3個國家──美國、利比亞以及緬甸，使用不同的官方單位制度，例如磅以及英里。[19]

· · ·

這是形塑南丁格爾思維的第一個重要發展：**人類開始變得標準化**。換言之，人類同意制定測量特定概念的方法。公尺與公斤只是起點，到了南丁格爾的時代，也就是半世紀之後，人類渴望獲得更多數字。人口從鄉村流動至城市，代表城市開始人滿為患，各種問題也開始浮現：貧窮、犯罪以及疾病。[20]這些問題從何而來，又應該如何解決？在政府內外，都有愈來愈多人質疑此事。

為測量問題的嚴重程度，必須規畫出清楚的範疇：在什麼條件下才能算是貧窮、犯罪或生病？舉例而言，英國流行病學家威廉・法爾（William Farr）與同仁合作，協助南丁格爾撰寫關於軍醫院的調查報告，法爾提出一份已確認的疾病清單，最後也獲得世界衛生組織採用。南丁格爾用分類方式提出士兵的死亡報告，分別是（一）因為可避免的疾病、（二）戰爭傷害，以及（三）其他因素。

從表面上而言，「疾病」或「死亡原因」等概念的定義似乎與數字沒有關係，但這完全不是事實。有些事物，唯有在定義清晰的時候，才能進行計量與計算。正如哲學家伊恩・哈金所說：「算術，就是渴望得到明確的分類。」[21]

標準化的結果，就是我們開始使用相同的數字語言。時至今日，全世界的人們都使用公尺、公斤、實質國內生產毛額、智力商數、碳排放足跡與硬碟位元空間。因此,全世界最通行的語言不是中文、英文、西班牙文,而是數字。[22]數字語言也造就了下一階段的發展:我們開始大規模地蒐集數據。

• 大規模蒐集數據的開始

正如克魯辛石板的啟示,人類已經蒐集且記錄數字長達數千年。但克魯辛的例子只是小規模的數據測量(歷史學家認為,克魯辛可能只是儲存釀造啤酒的原料)。[23]在隨後的千年,國家運用權威開始更大規模地蒐集數據。如果羅馬帝國不想知道帝國的人口數量,西方文明最著名的其中一個故事:耶穌基督誕生,也不會發生在伯利恆。人口普查是歷史的調味料,從古埃及到印加帝國,從中國漢朝到中世紀的歐洲,都是如此。[24]

1085年,征服者威廉又更進一步了。他希望能夠登記英格蘭境內所有人的財產。威廉的大規模紀錄被稱為「末日審判書」(Domesday Book),內容包括英格蘭與威爾斯兩地總計超過13000人的財產。政府官員在每個行政郡縣記錄超過1萬筆資料:地產擁有人、在地產工作的農奴數量,以及麵粉坊和魚塘的數量。[25]我們很難完全理解當時的資料普查,到底是如何地耗費時間。

數世紀以來，末日審判書的規模一直都是史無前例、後無來者。直到十九世紀，可用的數據才出現指數成長。[26]在這個時代，許多蒐集數據的組織都成立了。數據蒐集的工作通常由國家完成（畢竟，統計的英文單字：statistic，是衍生於國家的英文單字：state）。1836年，「英格蘭與威爾斯普遍註冊局」成立了，負責註冊人口出生與死亡，但很快就開始蒐集人口普查資料。[27]民間組織也開始堆疊數據資料，並超過國家能夠做的範圍。舉例而言，英屬東印度公司記錄了病患、死者以及離開公司的人數，總計大約2500人。[28]

南丁格爾在十九世紀中葉想要改善軍隊醫療系統的希望，也符合了時代精神：開始累積各種數據。但是，真正的改變還需要最後一個發展。集中堆積如山的數據是一回事，讓數據發揮功能，又是另一回事。

• 分析數據的開始

時至今日，沒有任何一份報紙不會附上圖表，但將數據轉變為圖表是相對新穎的概念。直到十八世紀末，蘇格蘭工程師威廉・普萊菲（William Playfair）才發明了樹狀圖與線段圖。南丁格爾後來使用了普萊菲的觀念，讓其他人注意軍隊醫療系統的悲慘情況，因為圖表可在一瞬間讓堆積如山的數據獲得解釋。

十九世紀初，人們蒐集愈來愈多的數據，因此分析數據的需求也增加了。「平均數」與圖表同時變得普及。南丁格爾在大篇幅的報告中，大量使用此種手法，例如計算克里米亞戰爭時期，每月平均病患人數。

雖然「平均數」的概念在我們這個時代聽起來再平常不過，但在南丁格爾的時代，平均數依然是非常新穎的概念。然而，其實天文學家早在十六世紀末就開始使用平均數。十九世紀時，比利時天文學家阿道夫·凱特勒（Adolphe Quetelet）思忖，與其用在星體，我能不能將平均數的概念應用至人類身上？[29]凱特勒也是南丁格爾崇拜的其中一位偶像人物，她認為凱特勒是「統計學的創造者」。[30]凱特勒早年曾是比利時天文館館長，但天文館在1830年的比利時革命中落入自由派人士手中。[31]這個事件也讓凱特勒開始思索：為什麼人會從事特定的行為？從表面上看來，社會是一個混沌體，從凱特勒的祖國比利時就能明顯看出此事。但凱特勒相信，一定有方法，找出人類的行為模式。

凱特勒提出一突破性的概念：平均的人（the average man；l'homme moyen）。[32]他開始瘋狂計算各種平均值，如身高、體重、犯罪率、教育程度、自殺率⋯⋯設計出「凱特勒指數」，而這個指數如今有個更有名的說法，就是「身體質量指數」（BMI），是測量個人體重是否符合「正常」範圍的方法。目前醫師、保險從業人員以及營養學家，依然使用身體質量指數，來評估某個人的體重是否在健康範圍。

愈加複雜的數據方法跟隨圖表和平均值的腳步，出現在十九世紀末。歷史學家史帝芬・史帝格勒（Stephen Stigler）將1890年至1940年稱為「統計學的啟蒙時代」。[33]那個時代的科學家發明了非常精巧的方法，在數據中找到模式，建立因果相關及設計實驗。

南丁格爾於1910年辭世，她一定非常遺憾自己未能親眼見證。但是，她在數據上的成就非常有開創性。克里米亞戰爭結束之後將近一個世紀，一位蘇格蘭醫師跟隨南丁格爾的腳步，再度證明我們可以**用數字拯救生命**。

••••

時間是1941年8月，囚犯阿奇・考科藍（Archie Cochrane）已經準備將自己的祕密實驗告訴德國人。[34]考科藍是一位蘇格蘭醫師，他的面容消瘦，留著紅色大鬍子，他狂野的外型必定讓人印象深刻。在卡其色的囚衣下，考科藍其實深受膝蓋腫脹之苦。

考科藍不是唯一一位有膝蓋腫脹問題的士兵。在希臘薩隆尼卡（Salonica，現稱賽薩隆尼基〔Thessaloniki〕）的戰俘監獄中，其他囚犯也接連抱怨自己的膝蓋出現水腫現象。德國人指派考科藍擔任戰俘監獄的首席醫師，他一天看見20位有膝蓋水腫問題的病患。為避免引發其他囚犯不必要的恐慌，考科藍在報告中甚至刻意減少病患人數。但他現在必須坦承情況不妙了。為拯救病患的生命，他決定尋求德國人的協助。他其實並不期待德國人會出手相助，畢竟最近曾有一位警衛覺得自己聽見廁所傳出可疑的笑聲，就朝裡頭投擲手榴彈。

考科藍大概知道造成膝蓋水腫的原因：腳氣病（wet beriberi），一種因缺乏維他命B而引發的疾病。考科藍決定追隨英國皇家海軍醫師詹姆斯‧林德（James Lind）在將近兩個世紀之前的作為。1747年，海軍醫師林德進行人類史上初次臨床實驗。他將罹患壞血病的12名病患分為兩組，兩組各自採用不同飲食配方。第一組每天服用6湯匙的醋；第二組每天額外喝下250毫升海水，吃下三分之一顆柳橙與一顆檸檬。

林德很快就察覺到一種模式：服用柑橘類水果的病患，在幾天內就出現顯著的症狀改善。林德發現了如今我們都已經知道的事實：攝取足夠維他命C，就能預防腳氣病。[35]

在薩隆尼卡，考科藍將20位病患分為兩組。第一組每天服用三次酵母片，酵母片是維他命B的來源，是考科藍在黑市購買的。第二組，考科藍則是從急救箱提供維他命C片。[36]但沒有人知道考科藍正在進行祕密實驗。

第一天早上，考科藍發現病患經常排尿，但兩組病患沒有差異。第二天同樣沒有顯著差異。但是到了第三天，服用酵母片的那組病患，排尿次數稍微提高。第四天，考科藍已經非常確定：服用酵母片的病人體內殘留的液體較少，排尿量也較高。更重要的是，在10名病患中，有8名病患表示病況有所改善，另外一組病患的狀況則是依然不佳。

考科藍仔細記錄所有事件後，帶著一本筆記本站在德國人面前。他懇請德國人必須伸出援手，否則結果將是不堪設想。[37]出乎考科藍的意料之外，德國人被他的說詞打動了。一位年輕德國醫師詢問考科藍需要哪些物資。「許多酵母片。」考科藍回答，「而且要同時提供。」隔天，大量酵母片抵達戰俘監獄。1個月後，幾乎沒有任何囚犯承受腳氣病之苦。

● 直覺、謬論以及利益

考科藍的實驗故事，重點在於**尋找分析數字的新方法**，以及**數字的說服力**。考科藍甚至成功說服身為敵方的德軍士兵加入自己的行列。**為什麼數字比文字更有說服力**？考科藍人生的另一個故事，或許可以提供解釋。[38]

戰爭結束後考科藍回到英國，開始提倡更著重數據分析的醫學研究方法。他在戰俘監獄使用的醫學實驗方法，在當時依然相當罕見。

1960年代的英國設立許多設備成本極昂貴的心臟加護病房。從當時的角度而言，這種情況似乎是必然的發展結果。罹患心臟疾病的病人需要受到仔細照顧，以避免心臟衰竭。但是身為一位完全的懷疑論者，考科藍並未完全採信這種途徑。他主張，如果想知道設立這種病房的價值，就要進行臨床實驗：將一組病患送回家，讓另一組病患留在心臟加護病房。

考科藍因為這個舉動而遭受倫敦醫學倫理委員會的險峻批判，他們認為考科藍是在玩弄病人的生命。但是考科藍依然可以說服委員會的主席相信，他的研究確實有價值。然而考科藍的其他醫師同仁都不願意配合這實驗。他們堅持自己對待病人的原有方式。此事讓考科藍勃然大怒，他心想，究竟是何種程度的傲慢，才會讓那群醫師覺得自己知道什麼方法對病人最好？在這群醫師心中，醫學的基礎是「名聲醫學」（eminence-based medicine），而不是「實證醫學」（evidence-based medicine）；[39] 醫師的名望，比醫師行為的科學基礎更重要。

不過有一群在英國布里斯托的醫師認同他的想法，他們則是順利在考科藍的醫院執行相關試驗。6個月後雙方帶著成果，前往倫敦的委員會。結果顯示，心臟加護病房的治療效果確實稍微更好，但兩者的差異在統計上幾乎無足輕重。然而委員會的成員——6個月前他們曾經嘗試阻撓考科藍——看見數字後非常生氣。「阿奇。」其中一位委員表示，「我們認為你不遵守醫學倫理的想法沒有改變。你必須立刻停止試驗。」

　　考科藍非常有耐心地聆聽委員會的訓斥。在委員停止責罵後，考科藍道歉了，隨後揭曉他剛剛提出的實驗結果是錯的。他用真正的結果做了另一份報告：雖然數字相同，但雙方的結果是顛倒的。回家療養的病人，治療效果略勝住在心臟加護病房的病人。「各位，現在有何看法？」考科藍詢問，「我們是不是應該關閉心臟加護病房？」

• • • •

　　上述故事顯示考科藍身為一位研究者所必須克服的障礙。首先，是情感障礙。對醫師而言，他們認為將病人留在醫院就是比較好，也更安全。第二，委員會成員在詮釋相關資訊時，為了想與自己的信念契合，所以才會提出錯誤的推論。[40]最後，權力問題很關鍵，如果考科藍證明設立成本高昂的心臟加護病房是錯誤決策，那麼委員會成員的名聲將會遭到沉重打擊。

　　然而數字成功地克服上述三個障礙，也就是**直覺**、**謬論**以及**利益**。文字容易沾染偏見色彩，但數字可用中性的方式來詮釋現實。簡言之，**數字更顯客觀**，也因此數字開始主宰人類社會，似乎也不是令人意外的發展。

　　考科藍死後5年的1993年，一個非營利組織「考科藍合作組織」（The Cochrane Collaboration）成立了，是由全球健康領域的專業人士與統計專家所組成的合作網路。考科藍合作組織查核幾乎所有醫學研究領域的科學證據，而《考克藍評論》(*Cochrane Review*)也是現代實證醫學的重要資料來源。

考科藍呼籲醫學界更廣泛地使用統計數據，以拯救更多性命，例如1980年代的「心律失常抑制試驗」(Cardiac Arrhythmia Suppression Trial，CAST)。在那段期間，如果病人曾出現心臟驟停，醫師就會開藥預防心律失常。這個做法似乎合乎邏輯，因為過多的心跳次數可能與驟死現象有關，因此必須藉由藥物來抑制心律失常。但是心律失常抑制試驗(完整研究調查1700名病患)顯示，病人服用藥物後的驟死機率並未降低，事實上反而更高。[41]

••••

考科藍的故事就像南丁格爾的故事，都展現了數字最好的優點：數字可以拯救生命。但數字之所以如此重要，還有其他原因。數字被挪用來當成「什麼才是正確」的判準。歷史充滿操弄數字的政治人物，並非沒有原因。多年來，阿根廷政府下令控制通貨膨脹率。[42]英國首相鮑里斯·強森(Boris Johnson)因為使用贊成英國脫歐的錯誤數據，而數次遭到嚴厲批評。[43]史達林曾處死一位統計學家，因為那位統計學家主張蘇聯的實際人口數，小於史達林所宣稱的人口數。[44]唯有一個獨立的統計數據機構，才可避免政治人物濫用數據來滿足自身利益——藉此，我們才能真正得到真相。

但是，數字也有負面效應。數字可改善，也能摧毀人類的生活。大規模使用數據的三個重要工具：標準化、蒐集以及分析，絕非安全無虞。有時候，數字的應用與發展有問題，而且是嚴重的問題。

第 **2** 章

智商高低，與膚色有關？

The dumb discussion about IQ and skin colour

第一次世界大戰期間，175萬名美國新募士兵完成了智力測驗。[1]智力測驗的發明者是哈佛大學心理學家羅伯特‧耶基斯（Robert Yerkes），他認為心理學有潛力成為宛如物理學的嚴謹科學。但是，這也代表耶基斯與他的心理學家同仁必須開始蒐集數據。

　耶基斯的觀念也是十九世紀計數狂熱的必然發展結果。十九世紀不只是距離和重量單位開始標準化的時代，也是學者針對諸如犯罪和貧窮等抽象概念，設計具體測量方法的時代。

　到了耶基斯的時代，「智力」也應該受到測量了。耶基斯與專家同仁一起設計第一個可大規模執行的智力測驗，於是在1917年，他們執行了一個非常有歷史重要性的研究調查。在美國各地，所有新募士兵都拿到一份文件，文件中有各種用於測量智力的問題。

耶基斯彙整數據，但開始分析之後，一個關於美國士兵智力的可怕景象也浮現了。[2] 美國白人男性士兵的心智年齡只有13歲；東歐與南歐移民士兵的心智年齡結果更糟。而在數據的最底層：心智年齡10.04歲的，則是黑人。

● 難道黑皮膚的人就不聰明？

現在已經很少有人知道羅伯特・耶基斯是誰，但黑人智商依然是引發熱烈討論的議題。「民族之間確實有智商的差異。」自由主義者、部落格作家耶奈斯・瑞姆塔爾辛（Yernaz Ramautarsing）接受荷蘭新聞網站《焦點》（*Brandpunt+*）[3] 專訪時表示：「我很希望看見不同觀點，黑人其實絕頂聰明……但事實並非如此。」2年後，瑞姆塔爾辛宣布以候選人身分參與阿姆斯特丹的地方選舉，他當初的言論也引發公憤。

瑞姆塔爾辛絕對不是唯一一位發表這種言論的人。[4] 自從耶基斯的測試方法問世後，關於智商和膚色的討論總會出現在每個世代。1969年，教育心理學家亞瑟・簡森（Arthur Jensen）引發一起國際爭議，因為他主張黑人和白人學生之間的智商差異，是基因差異的結果。[5] 1994年，政治科學家查爾斯・穆瑞（Charles Murray）與心理學家理察・赫恩斯坦（Richard Herrnstein）出版《鐘型曲線》（*The Bell Curve*）一書，主張非裔美國人的平均智商比美國白人低，並建議智商較低的女性不應該生育。[6]

2014年出現了另一起爭議，《紐約時報》記者尼可拉斯‧韋德（Nicolas Wade）出版了一本暢銷書《棘手的遺產》（*A Troublesome Inheritance*）。韋德在書中主張，不同「種族」其實是演化的結果，而在許多層面上，包括智商和其他特質，都說明了種族的差異。[7]

耶基斯的測試證明，此種主張可以造成影響深遠的結果。但是，耶基斯的研究並未採用非常嚴謹的方法。在175萬名美國新募士兵之中進行智力測驗，聽起來確實是令人印象深刻的計畫，但實際上耶基斯的數字彙整方法相當粗心草率。在《人類的錯誤衡量》（*The Mismeasure of Man*）一書中，作者史帝芬‧傑伊‧顧爾德（Stephen Jay Gould）曾經描述新兵接受測驗的房間根本沒有家具，照明設備不足，而且空間非常擁擠，以至房間後方的人根本聽不清相關指示。更不要說有些士兵方才抵達美國，完全不懂英文，根本無法理解現場人員在說些什麼。其他士兵或許會說英語，但沒有讀寫能力。在場的男性士兵，有些人是生平第一次持筆，卻必須寫下他們在題目中計算出幾個方塊，或下個符號應該是什麼。[8]所有測驗都有時間壓力，因為下一群接受測驗的士兵，很有可能就在門外的走廊等待。

你或許會認為，以上理由足以讓我們不要認真看待測驗得到的數據，但事態的發展完全相反。耶基斯的結論認為，某些族群團體的智力較低，讓當年早已盛傳的觀念獲得科學支持。優生學是一門據說「希望改善人類種族」的科學，在第一次世界大戰後風行於北美與歐洲。耶基斯的數據一再被國會用於探討美國移民政策的爭論。政治人物相信，在這次智力測驗中表現不佳的新兵族群——南歐與東歐人，必須被排除在外。所以在不久之後，東歐和南歐族群的移民名額[9]就真的被限制了，導致在1924年至第二次世界大戰之間，數百萬人被拒於美國國境之外。[10]由於上述提到的移民名額限制，許多需要幫助的難民（通常是猶太人）都遭到美國拒絕入境。

智力數字，也經常被用於種族絕育法案的辯護上。1927年美國通過一道法律，可合法強迫絕育。「因為三個世代的弱智已經夠了。」美國最高法院宣稱。數萬名美國人因此遭到強迫絕育，直到1978年美國才宣布此措施違法。[11]

上述各種現象不可能不引起憤怒。但是即使智力測驗的結果如此令人厭惡，依然不代表智力測驗的結果本身有問題。時至今日，智力測驗的結果依然證實了耶基斯的結論。平均而言，黑色皮膚的人在智力測驗的成績較低。

但上述結論代表膚色與智商的關連是正確的嗎？瑞姆塔爾辛是對的嗎？當然不是！智商與膚色的討論，名列最惡劣的數字濫用案例之中。

• 幾個重要的警訊

　　在繼續討論之前,我們必須釐清一個人主張特定團體的智商,比另一個團體更低,究竟是什麼意思?首先,膚色與智商的各種主張,通常都是基於來自美國的測驗樣本。因此,**並非所有黑人的智商測驗成績都較低**,而是檢測樣本中的美國黑人分數,低於美國白人對照組。

　　關於此點,我們還有更多值得討論的內容。智商與膚色的各種主張永遠都是以**平均分數**為主:也就是特定團體的平

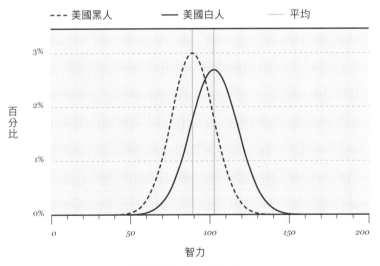

魏克斯勒成人智力量表(WAIS)

資料來源:William Dickens and James Flynn(2006)[12]

均分數，比另一個團體的平均分數低。在兩個平均分數之後，藏著涵蓋所有範圍的分數，包括獲得高分的非裔美國人，以及分數位於光譜底部的美國白人。如果採用常用的「魏克斯勒智力測驗」（Wechsler intelligence test），就能發現兩個團體成員的分數經常出現重疊（請參考前頁圖）。根據「魏克斯勒智力測驗」，許多非裔美國人的分數比美國白人的平均分數更高；反之亦然，許多美國白人的分數比非裔美國人的平均分數更低。簡言之，平均分數幾乎無法說明個人的智力。

另一個重要的問題值得探討：事實上，究竟什麼才是「黑」與「白」？在研究中，黑白標籤的基礎，通常取決於人的自我認同，但這種分類並非鐵板一塊。美國過去曾將義大利人視為「非白人」[13]；在巴西，只要你不是歐洲人，就會被視為黑人[14]。相較於 2005 年的人口普查結果，在 2010 年的人口普查中，數百萬美國人選擇不同的身分類別。[15]換言之，你屬於哪個族群類別，其實同時取決於你的膚色，還有當時的時空環境。

在實際思考智商代表的意義之前，上述警訊——資料的來源、平均數的限制，以及「黑」與「白」的意義——都非常重要，在處理關於膚色和智商的重要結論時，我們都應謹記在心。

• 當每個乘客都變成百萬富翁

關於平均數的另一個重點：許多測量結果中的離峰值都有巨大影響力。但是在智力測驗中，這個現象幾乎不存在，因為智力成績呈現非常平均的分配──平均數的左側，等於平均數的右側。[16]

但是請讓我們把「收入」也考慮進來。2016年時，大約730萬名荷蘭人的每年收入低於3萬歐元──這個比例超過有收入者的一半，但也有超過50萬人每年收入超過10萬歐元。[17]高收入階級大幅提高平均收入數字。統計學家之間流傳一個老笑話：如果比爾・蓋茲搭公車，就平均數字而言，車上每位乘客都會變成百萬富翁！

由於離峰值產生的效果，有時候你會聽見「典型收入」（modal income）──或「最普遍的收入」（most common income）等說法。「收入中位數」（median income）也是為了避免離峰值產生影響。如果你由低至高完整排列所有人口的收入資料，收入中位數就是位於最中間者的收入。

• 5 種主觀的選擇

現在，我們要處理一個價值百萬的問題：智商究竟可以測量什麼？在稍早篇幅，我們已經看見標準化、資料彙整以及分析，都是廣泛使用數字的重要發展。同時，標準化、資料彙整以及分析，也是研究者開始處理數字時的三步驟。

第一步：標準化，在我們探討智商時，扮演非常重要的角色。為了將如智力等抽象概念標準化，研究者必須做出選擇。數字或許彷彿自帶一道客觀光環，但數字背後可能藏著主觀的選擇。讓我們開始認識智力測驗的第一群科學家，他們做出5種絕對不會是客觀的選擇。

1. 你測量的目標，其實是人為的選擇

羅伯特・耶基斯的測試，其實是受到智商測驗奠基人阿爾弗雷德・比奈（Alfred Binet）設計的方法啟發。[18] 如果這位法國心理學家地下有知，智力測驗的結果將被用於歧視特定族群，必然無法安息。1904年，比奈在學生希奧多・西蒙（Theodore Simon）的協助下，終於找到方法測量智力。當時，比奈心中有一個與後來發展截然不同的目標：幫助孩童。法國的教育部長央請比奈開發測量智力的方法，藉此找出哪些孩童需要特殊教育。

一開始，比奈原本想要使用已存在一段時間的技術，藉此測量智力，也就是「頭蓋測量法」（craniometry）。其概念在於，可用頭蓋骨的大小，分辨一個人的智力高低。隨著比奈準備使用測量用的膠帶，他發現表現傑出與表現較差的孩童之間，頭蓋骨的差異幾乎「微乎其微」（extrêmement petite）。

　因此，教育部長任命比奈進行智力測量任務時，他決定使用不同的智力測量方法。他創造一種逐漸增加難度的測驗方式；學生正確作答的最後一個問題，就能判斷其「心智年齡」。如果測量結果的年齡低於學生真實年齡，代表這個孩子需要特殊教育。比奈也因此發明歷史上第一個智力測驗。心理學家威廉‧斯特恩（William Stern）很快就跟隨比奈的腳步，提出著名的「智力商數」（intelligence quotient，IQ），也就是用心智年齡除以實際年齡。

‥‥

　在成功導入普世皆準的公斤和公尺系統之後，更多事情變得可測量了。在距離和重量層面，測量相對容易，因為每個人都知道距離和重量概念所代表的意義：從這兒到那兒有多遠；你舉起一個物品時，物品有多重。這種標準可**具體測量**事物。

　但是正如我們所見，自從十九世紀以降，不同類型的數字開始出現了，如經濟、犯罪以及教育等抽象概念的數字。以金錢這個主導每人日常生活的單一概念為例，中央銀行發行的鈔票和錢幣本身其實一文不值，我們不能吃它們，也不能用它們建構任何事物，更不能用來治療他人。[19]但是，我們彼此都同意錢幣和鈔票確實有價值。我們全都仰賴一個事實，每個人——包括政府——都堅決支持這個共識。

這種共識，也讓我們可用比狩獵採集更大的規模來進行合作，如民族國家、人權以及宗教——全都用於確保我們繼續同意此事的人為建構。但是，如果我們開始認為這種共識是客觀的，危機就會出現。如果我們忘記，是我們提出了繁榮和教育水準等概念，並且認為這種概念是永恆的，隨後就會發生「具體化」（reification）現象。具體化來自拉丁文的res（事物）。換言之，就是「事物化」（thingification）。我們忘記某個事物的概念一開始是人們所建構的，誤信這個事物本來就確實存在。

藉由測量抽象概念，這種概念也染上更為客觀的色彩。以「國內生產毛額」（Gross Domestic Product，GDP）為例，正是我們用於測量經濟的指標。如果國內生產毛額下降，代表經濟正在衰退。若是我們必須縮衣節食，代表政治人物相信這個政策有助國內生產毛額指標。因此，這個指標指涉具體的結果：你可能失業，必須支付更高額的稅金，或許還會具備申請財務補助資格。國內生產毛額的運作方式似乎就像自然世界的鐵則。儘管如此，這個概念的年紀，其實小於100歲。

國內生產毛額的概念來自第二次世界大戰之前的美國。[20]美國當時承受巨大的經濟衰退。但是，美國經濟的具體狀態究竟如何？沒有人知道。確實有一些關於物價和運輸的統計數字，但沒有任何一個數字可概括呈現美國經濟狀況的發展。

於是，美國政府要求經濟學家和統計學家西門·顧志奈（Simon Kuznets）測量「國民所得」。[21] 顧志奈開始著手，井然有序地加總家庭和企業公司的收入。他在1934年提出第一批計算數字時，背後蘊藏的訊息非常引人注目：在1929年至1932年期間，美國的國民所得減半了。[22] 這是史上第一次有人實際測量美國經濟的「溫度」，測量結果發現低於零度。

　　在隨後的數年間，美國政府對於顧志奈的「國民所得」結果很不滿意。戰爭就在眼前，這個數值在政治上也顯得更尷尬。比起人民，美國政府更願意在軍備上花錢，但根據顧志奈的研究，政府的軍備支出代表國民所得下降，因而導致民眾對戰爭的支持度下降。然而美國在另一個測量數值上找到解答：國內生產毛額。國內生產毛額測量一國之內生產的所有財貨和服務價值加總，包括由政府創造的財貨和服務。從此之後，就算是新造好的炸彈，也對美國經濟的推動有所幫助了。

　　顧志奈對於這個計畫並未多想，他相信經濟的衡量標準，必須可以測量國家的繁榮，所以在顧志奈眼中，軍備與此無關。但是1942年，美國第一次公布國內生產毛額（其中也包括國防支出）後隨即引發一場爭論，而顧志奈輸了這次爭論。[23] 顯然地，計算結果的數值與自然法則毫無關係，而是與政治有關。

當時的政治人物和政策制定者經常遺忘國內生產毛額是人造的概念，將國內生產毛額視為客觀測量數值。舉例而言，美國政府使用國內生產毛額作為減稅的理由。[24] 但是，國內生產毛額不是如同重力這般非常具體的概念。即使將國內生產毛額化為一個數值，依然無法讓它變得更「真實」。

回到耶基斯和他的士兵測驗，智力測驗的情況與國內生產毛額完全相同。智力是一個抽象概念，由人類所提出。而我們開始測量這個概念。

當三次經濟衰退突然消失

認真看待國內生產毛額可能是件非常危險的事，特別是當我們忘了國內生產毛額並非永遠精準。[25] 在 2015 年 7 月，美國經濟分析局公布，美國前一季的經濟成長率提高 2.3％。1 個月之後這個數字調整為 3.7％；又 1 個月之後數字則是 3.9％。

統計學家是否無法承擔此種工作，或者需要好好休假？答案並非如此，因為調整經濟數字確實很常見，而且發生在以結構方式蒐集數值的任何國家。如果你知道處理此種數值需要多少資訊，就不會覺得意外。從稅金到國防支出（沒錯，國防支出依然計算在國內生產毛額）、從出口到進口──一切都必須納入計算。彙整這種類型的數值需要許多時間，且永遠無法完全成功。所以這種數值可準確至小數點第一位

——用如此精確的方式公布，令人覺得詭異（我將在第三章重新探討數字的不確定性）。

有時候，補充數據能夠呈現完全不同的經濟圖像，舉例而言，根據英國1996年的經濟數據顯示，英國經濟在1955年至1995年間有過十次衰退——在衰退期間，英國歷經減稅以及高失業率，整個國家陷入混亂。但是在2012年時，英國提出更新的數據組，描繪更為良好的經濟發展情況：在相同期間，英國經濟只承受過七次衰退。其中三次經濟衰退突然消失了！[26]

2. 你測量的數值，其實基於價值判斷

2007年，人工智慧專家尚恩・萊格（Shane Legg）和馬庫斯・杭特（Marcus Hunter）開始蒐集所有能夠找到的智商定義。[27]他們的收穫相當豐盛，找到超過70種不同的描述。然而，他們依然可發現各種定義的共同之處，精鍊所有不同的定義，找到足以用於包含所有智商定義的一個句子：「智商測量一個行動者，在範圍廣泛的環境中達成目標的能力。」

萊格和杭特的提議或許能夠公平對待所有的定義，但依然相當空泛。在這個定義框架中，智商甚至可被視為在夜間進入一幢房子然後悄悄走到冰箱，拿走一瓶酒。但是，你不會在智力測驗中看見這種測試。

魏克斯勒智力測驗包括各種測試，涵蓋詞彙、數列以及

空間能力——與抽象思考有關的議題。[28]阿爾弗雷德・比奈最初的智力測驗已有這種類型的測試，而比奈啟發了耶基斯，在耶基斯提出的智力測驗中，受試的孩童必須記得數字序列或提出兩個物體之間的差異。

將解讀抽象事物的能力聯想成智力高低，似乎是不證自明的道理。但是，一份來自1930年代的報告，指出這種觀點的局限。

••••

俄羅斯神經心理學家亞歷山大・路瑞亞（Aleksander Luria），在自傳中描述一趟烏茲別克的旅行。[29]烏茲別克這個國家正急速現代化，路瑞亞想知道，這種發展是否啟發了不同的思考方式。在旅途的某個時間點，路瑞亞和同仁拜訪一位住在烏茲別克偏遠地區的30歲農民瑞克馬特（Rekmat）。

他們讓這名農夫觀看榔頭、鋸子、圓木以及斧頭的圖片。何者與其他物品屬於不同類別？「都一樣，我認為都是這兒的必須物品。」瑞克馬特回答。「如果你想鋸木頭，就需要一把鋸子；如果想劈開什麼東西，就必須使用斧頭。因此，這幾種都是這裡需要的物品。」

研究人員想向瑞克馬特解釋，他誤解了這個測驗的性質。他們提出以下例子，舉例而言：你看見3位成年人與1位小孩走在一起，但小孩跟這3位成年人沒有關係。但瑞克馬特回答：「哦！但那個小孩必須與成年人待在一起！你知道嗎，因為3位成年人都必須工作，所以如果他們得經常跑來跑去照看那個小孩，就無法完成工作。而且那個小孩還可以替他們跑腿……」

研究人員和瑞克馬特的對話顯示，我們有許多方式進行歸類，而歸類是智力測驗的標準測試。如果瑞克馬特是負責構思智力測驗問題的人，又會如何呢？他設計的智力測驗，可能會測量一個人是否具備在他居住的地區中順利生活的必要技巧。烏茲別克人可能會問你如何用最好的方式開槍射擊小鳥，或如何醃漬甘藍菜以在整個冬天都能順利保存。所以我們可能會面臨一次重大的失敗，如果根據他們的標準，我們的心智能力都有非常嚴重的問題。

但是，瑞克馬特不是那個設計我們常做的智力測驗的人。設計智力測驗的人也不是護理師、木匠或者銷售員，而是比奈以及耶基斯：他們都是受過高等教育的西方人，非常著迷於數字。你照顧病患的能力，你能不能製作一張木桌，或你的社交技巧——在他們的智力測驗中，這些能力都不重要。完成數列、理解比喻以及使用正確的類別進行思考，才是他們智力測驗的設計重點（在玻利維亞進行研究調查時，這是我期待的回應，也是這種思維讓我愚蠢地相信，璜妮塔無法應答）。

抽象的思維已經擁有主導地位，也似乎成為智力的真實形式。但決定抽象思維就是最好的思考方式，其實完全不客觀，而是一種**價值判斷**（value judgement）。

　　國內生產毛額的情況亦是如此。西門・顧志奈或許相信，這個衡量標準不等於繁榮，但自從第二次世界大戰開始，國內生產毛額確實被視為關鍵指標。對許多政府而言，經濟成長、國內生產毛額提高就是絕佳表現。政府用這種方式看待國內生產毛額，做出價值判斷。國內生產毛額確實很重要，但國內生產毛額並非永遠都能反映人民重視的事物。舉例而言，造成環境汙染的工業，對國內生產毛額而言是很好的，對環境而言卻非常不利；如果社會環境不安全，人民開始加裝額外的門鎖和安全監視鏡頭，也會提高經濟成長。[30]但像荷蘭人每周約花22小時在清潔環境、照顧他人與扶養小孩[31]的這些行為，卻不會反映在國內生產毛額上。諷刺的是，如果荷蘭人付錢聘請其他人從事這些工作，就可提高國內生產毛額的數據。

　　我們不只是測量自己認為重要的數值，反過來也是一樣的道理：**我們測量的數值，也會變得重要**。國內生產毛額一直都被用於支持政治決策。舉例而言，川普以經濟成長為由，作為貿易戰爭的論述[32]；而一個國家能不能進入歐盟，也高度取決於國內生產毛額。[33]

　　智力測驗的表現成績也有類似的重大影響。智力測驗的成績經常用於招募人才和遴選過程，時至今日，其抽象思考能力的評比，依然是標準化測驗的重心，如中等教育普通證書（GCSE）及普通教育高級程度證書（A-Levels），而這種測驗將是影響某個人未來的關鍵。[34] **我們受制於自己所創造的衡量標準。**

3. 你測量的，是你能夠計數的

問題依然懸而未決：究竟什麼是智力？正如我們所見，眾多定義都是如此空洞，根本不可能將智力的概念轉化為數字。如果你希望測量某個事物，你必須找到銳利如刀的區分標準。1904 年，統計學家查爾斯・斯比爾曼（Charles Spearman）設計了一種方法，讓智商的定義變得多餘。[35] 既然你可以讓數字替自己說話，又何必用文字捕捉某個事物的意義？

斯比爾曼觀察測驗成績，發現在其中一項測驗表現良好的人，在其他測驗的表現成績也很好。所有的測驗背後必然藏著一種結構，他心想，問題是這個結構究竟是什麼？他開始計算，並提出一個結論，認為一個人的所有分數都能夠轉變為單一數字[36]，他稱為「G 因素」（G-factor），並主張 G 因素能夠測量一個人的普通智力（G 代表普通）。斯比爾曼和耶基斯相似，也渴望將心理學轉變為物理學的一種形式。隨著這個方法的問世，斯比爾曼似乎又跨近了夢想一步。斯比爾曼充滿自信，認為他的傑作可說是「認知觀點的哥白尼革命」。[37] 他將自己的研究成果發表成一篇文章，標題是：〈能夠客觀測量並決定智商的普通因素〉（General Intelligence Objectively Measured and Determined）。[38]

　　但是，如果他的發現確實如文章標題宣稱的客觀，又會如何？即使我們接受，在智力測驗中，我們只測量抽象思考能力，不在意其他智力特質，依然還有一個問題：斯比爾曼的智力測量方法只有一個輸入因素，就是「數字」。他只涵蓋能夠計算的特質。因此，斯比爾曼排除了與抽象思考有關的所有事物，難以量化的各種事物——寫作的品質、提出解答的創意能力，或單純是科學家必須花費良久時間才能觀察的事物：一個人學習新語言的速度，或一個人對犯錯的反應。

　　這種發展的結果，導致智力測驗從來不曾直接測驗一個人的智力，而是間接測量。測驗的結果只是一個渠道，一種估計。這個結果沒有不對，智力測驗的分數，協助心理學家理解一個人的優點和缺點。但是心理學家的觀察，遠遠超過一個數字。他們研究單一測驗的結果，相互比較測驗結果的數字和心理學家自身的觀察。

　　唯有智力測驗的成績確實等於一個人的智力時，我們才需要擔心；而這就是關於智力和膚色討論時出現的情況。**智力測驗的成績被視為確實的真理，而不是估計**。1923 年，英國心理學家艾德溫・鮑溫（Edwin Boring）就是提出這種論述：「智力，就是智力測驗的測試結果。」[39]

．．．．

在我們的社會，數字一直被視為複雜現實的同義詞，但複雜的現實應該只能「估計」。以你的工作為例，幾乎在所有工作中，你都會受到量化指標的評鑑。你工作了幾小時，你替公司拉到幾名客戶，你照顧幾位病患。但有時候，真正重要的事物難以量化：你和客戶間的關係有多穩定，你照顧病患時展現何種程度的善良。這個現象讓我想起一句箴言，據說愛因斯坦將這句話掛在牆上：「並非所有重要事物都能計算，能夠計算的一切，也不全都是重要的。」

正如智力測驗，用數字評估工作表現本身沒有問題。數據讓你了解自己從事的工作。當數字與品質混淆時，才會產生問題；在工作時間從事的其他事物都遭到忽略，短視專注在數字上。舉例而言在荷蘭，警方的績效評估取決於他們開出的罰鍰金額，[40]結果導致荷蘭出現特殊的「罰鍰日」，警察必須竭盡所能地開出罰鍰。你可能會因為非常細小的過失遭到罰鍰，例如騎自行車時並未打開燈光，或在汽車上未繫上安全帶，一般而言警察會原諒這種過失。至於這種評估方式是否讓社會真的變得更安全，則是其次。

相似道理，英國新工黨政府決定急診部門必須在4小時內替病患治療時，各家醫院開始廣泛地控制處理病患方式。人民待在救護車上的時間更久，再倉促辦理入院手續，藉此符合政策規定的時限。[41]根據政府統計數字，醫療品質確實提高，但現實故事卻更陰暗。

　　罰鍰的金額與急診室的候診時間，可能曾是警力和醫院的適當評估數字，但數字很快就變得不可靠。重點不再是曾被視為重要的目標，而是**評估**。

　　在這些例子中，我們一再看見人們想找到操控數字的方式。他們調整自己的行為，這種現象被稱為「古德哈特法則」（Goodhart's Law），以經濟學家查爾斯・古德哈特（Charles Goodhart）命名。「如果某個測量標準成為目標，就不再是一個好的測量標準。」[42]數字就像肥皂，如果用力抓，肥皂就會從指縫間溜走。

4. 你測量的最後，都會成為一個數字

　　支持智力測驗分數的其中一個重點，就是智力測驗必須成為一個數字。但第一位智力測驗的設計者比奈，則是彬彬有禮地反對這種說法：「持平地說，智力無法衡量，因為智力的品質難以取代……」[43]

　　多年來，許多心理學家同意比奈的觀點。英美心理學家瑞蒙・卡特爾（Raymond Cattell）曾提出兩種類型的智力。一方面是知識和經驗，也就是「晶體智力」（crystallised intelligence）；另一方面則是邏輯思考的能力，也就是「流體智力」（fluid intelligence）。卡特爾是「卡特爾—洪恩—卡洛理論」（Cattell-Horn-Carroll Theory）的其中一位擘建者，

這個理論的基礎是智力有多種形式，也就是「八種能力」
（broad abilities），例如知識和圖像認知。[44]

　　但是，儘管還有其他各種不同特質，這個理論依然假定
包含一切的G因素可測量智力。這個理論影響許多當代智力
測驗，而當代智力測驗傾向於藉由能力計算分數，但最後都
歸結於一個結果：智商數字。

　　即使是相信單一數字無法衡量智力的比奈，到最後還是
提出一個人在完成測驗後的數字：心智年齡。為什麼呢？我
無法找到準確的理由，但我個人的猜測是：因為，有數字就
會顯得簡潔有序。

····

　　經濟學家顧志奈第一次提出關於美國經濟表現的數字
時，能夠將國家所得用單一數字概括呈現的力量非常明確。[45]
然而，各種不同的數字就在我們面前，只需要略看一眼，就
能知道經濟風向。這個現象使得人民開始探討。顧志奈出版
的報告也成為暢銷書——不只是在經濟危機期間，而是一直
暢銷，美國總統羅斯福也使用顧志奈提出的各種數字，作為
讓美國逃離經濟大蕭條的計畫論述。

　　為了用單一數字捕捉複雜的情況，例如經濟發展，永遠
都會遺漏某些事物。在國內生產毛額的例子中，被遺漏的就
是無法用金錢表達的所有事物。但是，曾在1998年榮獲諾
貝爾獎殊榮的經濟學家和哲學家阿馬蒂亞‧沈恩（Amartya

Sen）主張，一個國家的發展遠遠不只是金錢。[46]人民應該可以獲得良好的教育、可靠的醫療照護以及其他福利。

這種思維，讓沈恩在1990年時與赫布卜・烏・哈格（Mahbub ul Haq）一起提出「人類發展指數」（Human Development Index），時至今日依然是非常受歡迎的指數，用於評估一個國家的發展。這個指數觀察三個因素：預期壽命、接受教育的年分以及收入。數值愈高，代表一個國家的發展程度愈高。在2018年，挪威成為全球表現最好的國家，成績為0.95[47]；尼日則是最後一名，成績為0.38；至於英國則排名第15[1]。

雖然使用數個因素評估一個國家的發展確實是好想法，但複雜的概念仍舊被縮減為單一數字，一種能夠輕鬆溝通的數字。如果一個國家只有一個數字，就很容易找出贏家和輸家，正如用一個數字表達智力，就很容易找到人的能力排名。

當排名不是真正的排名

在生活中，排名隨處可見：最幸福的國家、最好吃的甜甜圈以及最好的醫院——世間萬物都有數字和排名，但其中有些卻毫無道理。一位傳統荷蘭甜甜圈的烘焙師父在接受電視台談話節目訪問時曾抱怨，他在《每日綜合新聞報》

---

[1] 2020年台灣與韓國、盧森堡並列第23。

（*Algemeen Dagblad; General Daily Newspaper*）的評比中只獲得1分——最低的分數，最後他才發現，原來報社的評比數字處理得很糟糕。[48]顯然地，評審團從來沒有提出低於3分的評價。「在我們的要求之下，相關數字已經按照1至10分重新調整。」報社主編漢斯‧尼簡休斯（Hans Nijenhuis）後來承認錯誤，「所以評比結果更容易相互對照。」[49]這家引發爭論的報社，現在已不再進行相關試吃評比。

《每日綜合新聞報》的年度醫院排名，同樣無法傳達太多資訊。每年，報社都會選擇幾項用於評鑑醫院的特色。2014年，荷蘭商業專家赫恩‧裘斯頓（Herm Joosten）表示，每家醫院平均提高或降低的排名都高於25個名次。[50]在每年排前10名的醫院中，大多數都會在隔年進入低排名區。如果你想前往「最好的」醫院就診，很有可能等你進入手術室接受治療時，該醫院已不是「最好的」。

••••

讓我們繼續探討以單一數字作為特定抽象概念的終極分數，如智力。這個觀念還有另一個缺點：測量相同的概念，通常有許多不同的方法。我們再度用「人類發展指數」為例。你如何加總預期壽命、教育程度以及收入？你又要如何處理國家之內的不平等？男性和女性的差異又該如何處理，難道男女差異已不是必須考慮的議題？上述問題都沒有單一且明確的答案。

事實上，上述問題都不是我提出的。除了「人類發展指數」之外，聯合國也發表「不平等的人類發展指數」以及「性別的人類發展指數」。這些指數報告顯示每個國家在不同領域的表現、測量數值的極限，以及無法測量的面向。[51]

但是，這種細節鮮少進入報紙版面。一個數字似乎可提供簡單易懂的觀點，而更多數字則是妨礙我們成功。你很快就會進入一個充滿「如果」和「但是」的世界。舉例而言，關於飢餓的數字，取決於你如何定義飢餓。[52]聯合國糧食和農業組織（The Food and Agriculture Organization）描述一個人的營養不良，是指他或她並未在日常消化足夠的卡路里。但，什麼是「足夠的」？每天都在書桌前打字的人以及用雙手耕田的人，他們所需的「足夠」卡路里將會大大地不同。

2012年，聯合國糧食和農業組織提出另一種計算方式，證明**飢餓的定義方式，將會完全改變飢餓的統計數字**。[53]在其中一種定義方式中，全球飢餓現象在過去數年間提高；在另一種定義方式裡，則是下降。研究人員還要選擇採用承受飢餓的絕對人數，或全球人口數中承受飢餓的比例。如果你的研究優先目標是認為每個人都很重要，那選擇承受飢餓的絕對人數很合理。但是，如果認為讓大多數人口都可以營養充足，百分比例也相當有用。**這是一種道德決策，不是統計考量**。

智力測驗的情況也相似，研究的選擇可對於測驗結果產生重大改變。1984年，心理學家詹姆斯‧弗林（James Flynn）研究過去幾個世代的數據後，提出一個令人驚訝的結論：在過去一個世紀，人類的智商提高了。倘若你使用現有的70分測驗標準來計算1930年代的先人，那麼大多數人的表現都會變成遊走於智力障礙的邊緣。反過來說，如果你使用過去的標準來測驗當下的世代，那麼我們的智商平均成績是130：代表我們實在是天資聰穎！[54]

阿爾弗雷德‧比奈對法國學生進行初次測試的80年之後，弗林發現了這個現象。為什麼過了如此長久的時間，才會有人察覺到世代間的巨大差異？[55]自此之後，弗林的結論在科學上一再獲得確認。光是肉眼無法察覺弗林測量的現象，因為，測驗內容偶爾會更新。

舉例而言，魏克斯勒的孩童智力測驗於1949年首次進行，隨後進行四次修正，分別是1974年、1991年、2003年以及2014年。測試內容修正的時候，更新的不只是測驗問題，分數也變得不同。新的測驗方式將會用於一群新的受試者，測試團體——正如不同世代的社會——也開始達成愈來愈高的分數成績。弗林發現，我們現在愈來愈擅長回答特定類型的抽象思考題，而在過去一個世紀，這種抽象思考能力在愈來愈多的教育現場和職場也更加重要。如果你的認知能力和先人完全相同，那麼你現在的智商分數將會比他們更低。[56]

5. 你測量的，就是你追求的目標

讓我們將討論帶回耶基斯，和他在第一次世界大戰期間用於美國招募士兵的智力測驗。根據測驗結果，耶基斯的團隊發現，移民在本質上比較不聰明，而且黑人在智力排行榜的最底端，但他們也提出一系列的其他結果，[57]顯示受試者的測驗分數，和他們接受教育的年分有強烈關聯性。

然而耶基斯並未主張教育造成更高的智力，反而認為教育程度和智力呈現相反關係：「累積的測試結果確實證明了一個理論，人的原生智力是延續學校教育最重要的其中一個條件因素。」但耶基斯用同樣方式強調黑人不喜歡教育，他並不認為教育其實是導致黑人智力測驗分數偏低的理由。耶基斯相信，由於黑人的原生智力較低，所以接受教育的時間較短。耶基斯似乎忘了，當時的黑人生活在隔離政策之中。

耶基斯的錯誤推論，就是我們將在第4章延伸討論的主題：他毫無辨析能力地主張**相關性等於因果關係**。他認為，你的膚色決定你的思考能力，即使測驗數字根本無法支持他的結論。耶基斯並未讓數字說話，而是相信自己的直覺，而他的直覺則符合當時的時代氛圍。

從耶基斯替《美國人的智力研究》（*A Study of American Intelligence*）一書撰寫的序言中，就能清楚看見這種傾向。

這本書奠基於耶基斯的測驗數據組，優生學家討論移民時也經常援用此書。「沒有任何一位公民能夠忽略種族滅絕的威脅，或者移民對於國家發展的顯著關係。」耶基斯如此寫道。[58]

你將一再看到這種現象，我們也會在本書中多次看見這種現象：**數字被詮釋的方式，符合數字詮釋者的信念或需要**。

智力測驗的發明者阿爾弗雷德・比奈早已警告我們不該將智力視為永遠不變的概念。[59]即便如此，耶基斯依然決定採用一種詮釋方式，將智力測驗的分數，視為人類的原生能力。

將國內生產毛額帶入人類視野的經濟學家西門・顧志奈也提出類似警訊，提醒我們注意，這個數字不等於社會福祉。[60]但是在二十世紀期間，國內生產毛額一再被用於探討社會福祉。

這種類型的詮釋很危險。倘若你希望認真看待數字，就應該知道，**數字並未訴說許多真相**。換言之，國內生產毛額只是「測量生產」的數字，而智商也不過是「測驗分數」。的確，由於信念和偏差，數字已經膨脹為根本與數字無關的事物。

••••

一個世紀過去了，我們能夠對耶基斯的士兵測驗分數詮釋，提出何種論點？智商數字是否能夠真正測量一個人的原生智力？當然不能。正如比奈的推測，我們的智商並非固定的。智商成績隨著世代逐漸增加的事實,也不代表先人呆若木雞,而我們聰明絕頂。我們更善於抽象思考,因為我們知道抽象思考的能力,在現代生活中如此通用。正如麥爾坎·葛拉威爾(Malcolm Gladwell)所說:「智商,無法測驗我們的聰明程度,就像智商不能測驗我們的現代化程度。」[61]

心理學家同意,我們的智商同時受到環境和基因的影響。生活條件也可能導致巨大的智商差異,舉例而言,印度農民在豐收時期前進行智力測驗——一段充滿飢餓以及金錢問題的時期——比起豐收時期後,他們的智力測驗成績低了13分。[62]在豐收時期前,印度農民的認知能力受貧窮問題干擾,根本沒有辦法仔細思考。

另一項研究結果顯示,肯亞孩童的平均智商在1984年至1998年間提高超過26分。[63]為什麼會如此?研究人員認為原因是生活條件改善:父母的教育程度提高、營養改善以及孩童更健康。

相似的道理,環境改善之後,非裔美國人的智力測驗成績也提高了。非裔美國人和白人公民同胞如今的智力測驗差異小於過去。在過去30年間,非裔美國人已經拉近了和美國白人間的智力測驗成績差異,幅度是4分至7分之間。[64]簡言之,正如經濟學家威廉·狄更斯(William Dickens)及詹姆斯·弗林在2006年提出的觀點(又稱「弗林效應」〔Flynn effect〕),認為美國黑人和白人之間還有智力差異,其實是一種不可信的「迷思」。

　　讓我們回到耶基斯和他的追隨者。將智商視為人類的原生智力，是完全的無稽之談。只要黑人與白人的生活環境不同，推測智力差異來自兩個族群的基礎生物差異，就是沒有意義的推論。

　　即使生活環境改善，黑人與白人之間的不平等依然非常顯著。2016 年時，美國黑人家庭的收入中位數是 17600 美元，大約是白人家庭收入中位數 17 萬 1000 美元的十分之一。[65]如果學校位於通常較為貧窮的黑人社群，教學品質也會劣於白人社群的學校。[66]種族歧視迄今也依然盛行。虛構的履歷測驗也一再證明，如果職業應徵者的名字聽起來像非裔美國人，更容易遭到排除。[67]倘若有人還會因為每人智力測驗成績不同而感到驚訝，對我而言那簡直就是白痴（原諒我，我真的沒有其他的形容詞）。

• 當數字成為停止思考的藉口

　　正如本章所述，一位研究人員想標準化某些抽象概念時，如智力，永遠都要做出選擇。或許，這種選擇讓數字看起來沒有特定目標，但真相並非如此。只要我們使用正確的方法，數字就能協助我們找到隱藏的規律。

　　但是，對數字產生錯誤的期待，並錯誤地認為數字的定義就是客觀的，其實是非常危險的想法。**數字將因而成為停止思考的藉口**。所以作家耶奈斯・瑞姆塔爾辛才會說：「我很希望看見不同觀點，黑人其實絕頂聰明……但事實並非如此。」他甚至主張，這不是他的錯，一切都是數字在說話。

這是一個是非顛倒的世界。如果我們希望認真看待數字，就應該承認並找出數字的極限：**數字中藏著價值判斷**，並非萬物都能用數字計算，而數字不能傾訴許許多多的真相。**數字不是真相，而是協助我們理解真相。**

數字可以幫助我們揭露用其他方式看不見的事物，舉例而言，正如我們所見，阿奇・考科藍用數字找出藥效。智商成績也能夠用於幫助人民。智商數字讓心理學家可以理解孩童的發展，美國黑人與白人之間的智商差異也能幫助我們理解不平等的嚴重程度。

因此，我們不能讓數字成為對話的終點，而是起點。數字是我們繼續提出問題的理由。我們拿數字做出何種決策？數字結果的差異來自何處？數字如何影響政策？更重要的是，數字是否真正測量了我們所認為的重要事項？

第 **3** 章

權威的性學報告，
不嚴謹的抽樣調查

What a shady sex study says about sampling

在一張於1948年所拍攝的黑白照片中，一位中年男子用雙手拿著報紙。照片中的報紙頭條寫著：「杜威擊敗杜魯門」（DEWEYS DEFEATS TRUMAN）。照片中的男人開懷大笑，甚至露出一顆犬齒。他剛成為地球上最有權力的男人。

　　這張照片極具指標意義，不是因為總統候選人湯馬斯・杜威確實「擊敗」杜魯門，而是因為他並未擊敗杜魯門。照片中的男人，實際上是杜威的對手：哈利・杜魯門（Harry Truman）。[1]他手中的報紙則是完全文不對題。《芝加哥每日論壇報》（*Chicago Daily Tribune*）的總編輯根據民調結果，非常篤定杜威將會贏得大選，於是不等最終結果公布，就在選舉之夜，提前印製下了大膽頭條標題的報紙。[2]

　　同樣的情況，照片中的男人也很有可能是2016年11月的唐納・川普。許多報社都預估希拉蕊・柯林頓將會贏得總統大選，川普手中握著其中一份報紙。川普臉上笑容綻放，因為所有報社都弄錯了。「川普如何贏得這次選舉？」大選隔天，《紐約時報》提出這個問題：「權威學者、民調專家包括我們媒體從業者——都沒有察覺川普即將勝選？」[3]

普林斯頓教授王聲宏（Sam Sheng-Hung Wang）曾經使用民調結果，預測柯林頓獲勝的機率為99％。王聲宏甚至承諾，如果川普獲勝，就會吃下1隻蟲子。[4] 就在大選4天後，王聲宏在美國有線電視新聞網（CNN）的現場節目中吃下1隻蟋蟀，「吃起來就像堅果。」[5]

• 這位候選人多常在派對獲得敬酒？

於是，在杜魯門出乎意料地贏得選戰將近70年後，民意調查可靠度的問題雖然已被討論過無數次，又再度變得重要。民意調查確實會造成特定結果。民意調查會影響媒體如何撰寫政治人物，以及誰能參與電視轉播的辯論會。更重要的是，選民如果想要策略投票，或決定自己是否要率先投票時，就會仰賴民調結果。因此，民調以直接和間接方式影響選舉結果，更因此影響我們的民主。

民調是否可靠，這個問題影響的範圍更超過選舉本身。過去經常用於民調的途徑：抽樣調查，也藏在我們看見的許多數字背後。測量貧窮程度、蒐集關於性騷擾的數據以及檢驗藥物使用情況時，就會使用抽樣數據。在上述類型的調查中，不可能將所有人納入調查範圍——也就是所有美國人、所有女性以及所有癌症病患。醫師阿奇·考科藍並未檢驗監獄中所有水腫病患，而是抽樣調查其中20位。心理學家羅伯特·耶基斯也並未測驗所有美國人的智力，只有軍人。

因此，抽樣調查是我們用於理解世界的稜鏡。

••••

荷蘭萊登大學的傑爾克·貝斯雷漢（Jelke Bethlehem）教授曾說，關於抽樣調查的歷史，可能與人類歷史一樣久。[6] 無論有意與否，每個人都會使用抽樣調查。舉例而言，烹飪時你可能會用湯匙試喝湯，並根據這次試喝結果，判斷湯的味道。抽樣調查的荷蘭文是steekproef，這個字在荷蘭起司市場通行數世紀，測試人員將起司測試工具插入（stick；steek）起司——藉此測試起司（test; proef）。

直到十九世紀人類終於開始積極蒐集數字時，某個人才第一次將抽樣調查用於民意調查。[7]1824年的美國總統大選刺激程度，僅次於1776年的美國獨立；不只是因為當年4位候選人彼此激烈對抗，也因為許多美國人直到當時才獲得投票權。[8]

選民亟欲獲得資訊，也完全符合那時的時代精神：他們開始「計算」。這位候選人多常在派對獲得敬酒？其他人是否下注支持這位候選人獲勝？好奇的選民很快開始在軍隊遊行、美國獨立紀念日派對或到酒吧享樂時，計算其他人的偏好。報紙也會公布數據，特別是在調查結果有利於他們支持的候選人時。

讓我們將時間快轉一整個世紀。到了 1948 年，笑容滿面的杜魯門贏得大選。此時，民調變得更為細緻。專業民調機構進行規模遍及全美的調查，範圍也不僅限於選舉。從職業婦女到戰爭，從聯合國到常見的感冒——美國人對於世間萬物都能夠表達自己的想法。[9]

但是就在 1948 年的選舉，完美的抽樣調查卻出現一道裂縫。[10] 如果民調機構的結果，如此偏離杜威和杜魯門總統大選的最終結果，那究竟要如何相信其他的抽樣調查？民調結果的可靠程度究竟如何？

• 令人大開眼界的研究報告書

逐漸浮現的質疑聲浪，轉至也在 1948 年出版的一本極具爭議的研究報告書。這份調查報告長達 804 頁，內容讓許多人大開眼界。報告的作者是阿爾弗雷德·金賽（Alfred Kinsey），他與研究同仁華德爾·波莫羅伊（Wardell Pomeroy）及克萊德·馬丁（Clyde Martin）採訪 5300 名美國男性，探討他們的性生活。[11]《男性的性行為》（*Sexual Behavior in Human Male*）一書獲得空前的成功，銷售超過 25 萬冊，占據全美暢銷排行榜長達數月。幾乎所有廣播節目都會以此書作為題材，而漫畫家更是無不使用此書當成取材來源。[12]

　　每個人都在討論此書提出的統計數字。當時美國社會盛行的風氣或許非常保守，但根據這份研究報告的內容，卻道出完全不同的真相。90％的男性在結婚之前就已經有性經驗；50％的男性更是在婚後有過不忠經驗；還有37％的男性曾與男性有過性經驗。十二分之一的男性曾與動物性交（與動物有過性交經驗的男性中，每6位就有1位在農村家庭成長）。[13]更令人驚訝的是，這些數字迄今依然獲得引用。你是否曾聽過「每10位男性就有1位是同性戀」的說法？正是來自這本研究報告。[14]

　　但是，這本研究報告的數字是正確的嗎？1948年總統大選的失敗經驗顯示，我們應對調查結果抱持懷疑態度。《現代生活雜誌》（*Life Today*）評論道：「如果一份調查報告用5300名受訪者為基礎，藉此批評並譴責6000萬名白人男性，我們應該毫不懷疑地照單全收嗎？」[15]

　　批判開始如雪崩般不斷湧來，資助金賽研究的洛克斐勒基金會也因此不得安寧。到了1950年秋天，3位名聲顯赫的統計學家，開始讓性學報告的主要作者飽受折磨。[16]

• 3 位統計學家與 1 位性學教授

　　3 位名聲顯赫的統計學家，在擺放大量性學書籍的地下室等候。他們其實沒有時間進行這次的評估。哈佛大學教授弗瑞德·摩斯特勒（Fred Mosteller）手上還有許多其他工作；威廉·考科藍（William Cochran）是約翰·霍普金斯大學生物統計學系系主任；約翰·圖奇（John Tukey）除了在普林斯頓大學任教外，還要替貝爾電話實驗室申請專利。他們 3 人前往位於印地安納大學的性學研究所，是出於一種責任感。他們被要求針對引發討論的性研究報告書，提供意見。

　　3 位統計學家抵達他們的臨時辦公室時，有個男人已經站在裡面，身後是一群祕書和工作人員。這個男人是接待 3 位統計學家的機構主管，而這個男人的聲譽，將完全仰賴於這 3 位統計學家的判斷，他就是阿爾弗雷德·金賽。

　　金賽教授是一位身材高䠷的男人，領結是他的標誌。他早期的研究領域是癭蜂（gall wasp）。他曾前往美國 36 個州以及墨西哥，竭盡所能地蒐集標本。每一隻標本，金賽教授都極度細心地固定在標本架上、測量與記錄。

　　但是在 1938 年，他被印地安納大學指派研究另一個教學主題，讓他對完全不同的領域產生興趣——教導婚姻和家庭。該課程的本意，是讓學生做好迎接婚姻的準備，換句話說，就是學生的性生活。

身為一位來自傳統基督教家庭的男孩，金賽曾因為無法停止手淫，認為自己有問題。性是家中的禁忌，他無法找到相關資訊。年輕的金賽心想，唯一的依賴就是向上帝祈禱，希望可以結束自己充滿罪孽的行為。

在開始教導婚姻課程時，他已經超過40歲，人生閱歷也更豐富了，但關於「什麼才是正常的性行為？」這個問題，他沒有答案。對他來說，瘰蜂可用的分析數據比人類還多。於是他開始詢問學生各種問題：你曾經有過高潮嗎？你手淫嗎？你是否曾與妓女性交？但金賽需要更多數據。他預計訪問10萬位來自全美各地的人，並建立一個自己的數據庫。[17]金賽教授成功爭取讓名聲顯赫的洛克斐勒基金會資助他的研究。洛克斐勒基金會知道「性」是個敏感主題，但誰比這位已婚、快樂且看起來有些書呆氣息的教授，更適合研究性？金賽教授用研究瘰蜂的方式研究人類，保持中立且疏離。「我們是事實的記錄者和報導者。」金賽教授主張，「不是人類行為的審判者。」

簡言之：只有事實，沒有意見。

金賽教授的報告書出版2年後，3位統計學家必須決定他的研究結果優劣。他們的任務，是審視在使用抽樣調查時，是否犯下可能的6個嚴重錯誤。

1. 有缺陷的環境或問題

　　3 位統計學家同意在訪問期間，讓金賽教授和同仁，針對他們的性生活提問。這代表他們可親自體驗抽樣調查受訪者的感受。

　　你會如何敘述自己早期的性知識來源？

　　你是否曾夢想讓他人痛苦，或因為他人而痛苦；你是否曾被迫從事某些行為，或強迫他人從事某些行為？

　　你第一次為了性交或其他性行為而付錢給女性，是在幾歲？

　　金賽的訪問平均持續 2 小時，根據受試人的性經驗，問題數量則是從 350 至 521 個。採訪者對相關問題了然於心，因為他們擔憂如果採訪者必須依文件念出一連串問題，將會導致受試人變得緊張。為確保研究的保密程度，受試人的答案都以複雜的密碼記錄（例如 P 可能代表青春期、同儕、愛撫或清教徒[18]，因為這些都是以 P 開頭的單字）。除此之外，金賽和其他 2 名共同採訪者詢問問題的方式，也會讓受訪者更容易分享自己的祕密。他們的問題不是「你是否曾對妻子不忠？」，而是「在婚姻期間，你**第一次**與不是妻子的女性發生性行為時是幾歲？」[19] 普林斯頓大學學者約翰・圖奇曾對這個問題感到非常驚訝，因為他才剛與妻子完婚，他和妻子在民族舞蹈課中相識。[20]

•••

　　訪談的環境也很關鍵，特別是在處理「性」這種敏感議題時。實際上每份研究報告都指出，男性的異性性伴侶人數，高於女性。舉例而言，一份研究使用長達超過2年（2010年至2012年）的數據後發現，女性表示自己曾有過性經驗的男性之平均人數為7人；而男性提到的有過性經驗的女性平均人數則多了2倍。[21] 但這是不可能的，因為男性發生性經驗的人數該從何處而來？調查的結果是否沒有代表性？或者男性在國外會有更多性經驗？又或者，男性的性經驗是來自性工作者，而性工作者並未參與這次訪談？

　　還有另一個合理解釋：受訪者並未透露事實。以一份2003年的實驗為例，200名學生被要求填寫關於性生活的問卷，但部分學生填寫時同步接受測謊，不過測謊機是假的，只是學生並不知道。實驗結果顯示女性的平均性伴侶人數提高70%：從2.6名提高至4.4名性伴侶。[22]

　　至於金賽的性研究訪談環境如何？訪談環境是最好的嗎？很難說。比較研究顯示，研究「性」的時候，沒有單一方法可創造最佳環境。有時候，人們獨自完成問卷時會顯得比較誠實；但有時候，受訪者與採訪人互動時（就像金賽從事性研究的情況），更容易透露敏感資訊。[23]

•••••

除了環境之外，抽樣研究的問題架構也非常關鍵。有些問題，無論是否刻意設計，容易將受訪者引導至特定的答題方向。以印度總理納倫德拉・莫迪（Narendra Modi）推動一項爭議政策時的民調為例。2016年11月，莫迪政府決定當時通行的500盧比紙鈔和1000盧比紙鈔不再是法定通用貨幣。印度人民可在年底前兌換手中的紙鈔，卻剩下不到2個月的時間。

莫迪相信這項措施可對抗貪腐以及逃稅。更重要的是，此措施的用意在於鼓勵印度民眾採用電子支付，而電子支付是總理的個人興趣。但是，莫迪的政策引發群眾抗議。反對者主張這項政策過於激進，想要在2個月內兌換如此大量的現鈔，勢必會產生問題。

為平息抗議，莫迪決定舉行民意調查。在30個小時內，50萬名群眾回答了問卷，結果讓總理非常滿意：超過90％的群眾認為莫迪的計畫「好」，甚至「很好」。

但是，讓我們檢視莫迪在問卷中提出的問題：

• 你是否認為印度有「黑錢」？
• 你是否認為政府應該對抗並消除可惡的貪腐和黑錢？
• 你覺得政府對抗黑錢的措施如何？
• 你如何評價莫迪政府對抗貪腐的努力？

• 你認為莫迪禁止500盧比和1000盧比紙鈔的政策如何？

　　一個又一個問題，引導受訪者接受莫迪政府的政策是對抗貪腐的必要行為。藉由提出各種難以否定的問題——誰不希望「消除邪惡」？——大家最後就會發現，自己根本不可能反對莫迪政府的政策。

　　在問卷中，受訪者必須回答對「金錢無紙化可幫助普通人更有機會獲得房地產、高等教育以及健康」這個問題的看法，但這卻是一道選擇題，且相應的選項顯得極為荒謬，因為只有三個選項：完全同意、部分同意、沒有意見。民眾完全沒有表達「不同意」的機會。「如果你是我的行銷課學生，設計這種問卷給我，我會打不及格。」邦加羅爾管理研究所行銷學教授普瑞斯威雷‧馬克赫吉（Prithwiraj Mukherjee）在問卷的意見回應中寫道。[24]

　　好的問卷必須提出中性的問題。但說來容易，即使只是細微的問題架構差異，也會導致結果的不同。2014年，美國有線電視新聞網和民調公司蓋洛普同時進行關於恐怖主義的民意調查。[25]兩家公司都採用電話民調，受訪群眾規模相同，且都同樣具備代表性（我們會在稍後討論代表性的問題）。但是在電視公司的民調中，14%的民眾認為恐怖主義是嚴重問題；蓋洛普的民調中只有4%的民眾抱持相同看法。這樣的差異，可能與問卷的架構有關。電視公司提出一個封閉問題：「以下何者是美國所面對的最重要議題？」而恐怖主義就是其中一個選項，其他選項包括經濟與氣候變遷。另一方面，蓋洛普則是用開放式問題提問：「你認為美國目前面臨的最重要議題是什麼？」由於問題內容並沒有提到恐怖主義，所以民眾回答恐怖主義的比例也較少。

相似道理，金賽的性研究中也有問題架構影響答覆的疑慮。他希望讓受訪者說出真相，但問題卻可能剛好造成反效果。例如「你第一次手淫是什麼時候」，可能會讓從來沒有手淫經驗的人認為自己不正常，因此說謊才是更好的回答。

3位調查金賽研究結果的統計學家對於採訪人的印象很深刻，認為這是蒐集敏感資訊的最佳方法。但是，受訪內容並未讓3位統計學家放下對於性研究結果的擔憂。比起採訪的問題或環境，他們擔心的完全是另一回事：樣本的構成。

2. 調查排除了特定團體

3位統計學家對於金賽研究客觀度的主要反對意見，在於該研究只針對特定團體。金賽在同志酒吧、監獄以及大學蒐集資料。就算用比較寬鬆的說法，金賽的方法也算不上傳統。「我們和受訪者一起吃晚餐、參加演唱會、到夜店玩樂、看電影……到撞球場、小酒館，他們向我們介紹自己的朋友。」[26]金賽甚至採訪了自己的小孩。過了大概9年，超過

11000人和金賽討論自己的性生活，其中有5300位男性以及超過6000位女性，金賽在幾年後將這些調查報告集結出版。金賽只有2位助理協助，因為他認為只有他們能夠執行真正的採訪工作。他們的工作時間很長，而且到處奔走。

雖然金賽團隊的工作執行度令人印象深刻，但抽樣調查的重點除了數量，還有**代表性**。代表性，就是金賽研究方式的問題。許多場所金賽都並未造訪，或者鮮少造訪，例如保守的教會社群、工廠及鄉村地區。此外在金賽的研究中，完全沒有黑人。[27] 其他團體——同性戀、學生以及中西部居民，則是有完整的代表性。簡言之，這本書更適當的標題應該是：《主流中西部男性白人的性行為》（*Sexual Behavior in the Predominantly Midwestern White Human Male*）。

時至今日，抽樣調查依然經常只有探尋特定團體的意見。以印度總理莫迪的政策為例。他用自己設計的手機應用程式發布問卷，但印度在2016年只有30％的人口可以使用網路。[28] 能夠使用網路的人，通常來自較高的社會階級，傾向使用銀行信用卡而不是現金，他們的政治觀點通常也和沒有行動網路的人相異。更重要的是，如果你不支持首相，你當然不可能在手機中安裝莫迪的手機應用程式。除此之外，問卷只有印度文和英文，也就是剝奪了不使用上述兩種語言的公民權利。

科學研究也常有相似情況：提出通論主張，但排除特定團體。舉例而言,心理學研究領域由西方國家的研究所主導。一份於2008年出版的論文指出,過去5年的心理學研究,有高達95%的比例,研究主題是西方國家,其中占多數的則是美國,比例為68%。[29]不只如此,研究主題通常來自一個非常特定的團體:研究大學的心理系學生。他們和研究計畫的團隊很接近,而且通常都樂於為了1包巧克力而參與研究測試。

這樣的心理學測試樣本族群被稱為「WEIRD」(詭異),心理學家喬瑟夫·亨里奇(Joseph Henrich)和他的同仁主張:「也就是西方(Western)、受過教育(Educated)、工業化(Industrialized)、富裕(Rich)以及民主(Democratic)。」[30]這種研究結果通常都會推論至「所有人」,但實際上WEIRD族群可能與其他族群大相逕庭。

你甚至能夠在最基礎的心理學認知中看見這種幻覺。在「繆勒—萊爾錯覺」(Müller-Lyer illusion)圖中,受試者必須回答哪一個線段比較長(請見右頁左手邊圖片)。對大多數人而言,線段A比較長。但實際上,正如各位在右頁右手邊的圖片所見,兩條線段其實一樣長。這是教科書中的經典例子,但許多在非WEIRD族群中進行的研究發現,並非所有人都會被繆勒—萊爾錯覺影響。舉例而言,喀拉哈里沙漠(Kalahari Desert)的一個部落成員,都認為線段是一樣長的。[31]

繆勒—萊爾錯覺圖

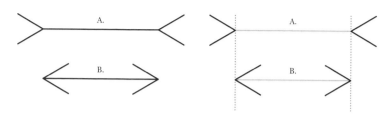

　　將特定團體排除在調查樣本之外，可能會導致影響深遠的結果。直到1990年，大多數醫學藥物都在男性身上進行測試[32]，因為研究人員不希望讓懷孕女性承受藥物測試的風險。「反應停」（Thalidomide）藥物醜聞發生在1950年代至1960年代，許多在這段期間出生的嬰兒有畸型問題，因為母親在懷孕期間曾服用過藥物——證明孕婦接受藥物測驗的結果可能非常慘烈。無論如何，女性都被視為難以研究的目標，因為她們的賀爾蒙每個月都會產生浮動。

　　然而，女性對於特定藥物的反應可能與男性非常不同。2001年，美國政府問責署（American Government Accountability Office）調查因對人體產生有害副作用而遭到回收的藥物時，發現10種裡有8種對女性的影響更甚男性。其中4種是女性的常見處方藥，另外4種則是平均用於男女，但女性依然承受更嚴重的副作用。舉例而言，波斯科（Posicor）將會降低年長女性的心跳速度，甚至造成停止，但並不會對年長男性產生副作用。[33]

感謝上蒼，過去數年各國政府已經採取行動。美國和歐盟都制定了正確的法律，讓女性在藥物測試中也有一席之地。但是，這個行動也無法改變將特定團體排除在抽樣調查之外，可能導致的重大危險。

3. 接受訪談的團體太小

樣本的數量無法保證研究結果有足夠代表性，但是樣本團體的數量確實很重要。以阿奇．考科藍在戰俘監獄的研究為例，他後來認為這是他最成功的實驗：藉由德國人的協助，能夠解決膝蓋水腫問題；但是他同樣認為這是他所處理過最糟糕的實驗：他只研究20位男性，分成兩組，每組各10人。[34]

小樣本的問題，是更容易產生極端結果。例如你現在走出屋外，開始跟遇見的第一個人交談，我們假設那個人是女性。你隨後和第二個路過的人交談，也是女性。如果你只從這兩個樣本就認為世上所有人口都是女性，就是非常詭異的想法。只要繼續抽樣調查，和更多人交談，那麼碰見女性樣本的機率就會更小，且樣本也會更接近總人口數。因此，小樣本數的抽樣調查從來都不是好主意。你的調查結果，可能會與你原本有興趣調查的團體相去甚遠。

我們也會在小樣本的試驗中，看見相同的缺點。如果比較兩個小樣本團體，其中一個團體很有可能會與另一個團體極為不同，因為一個離峰值就會在小樣本團體中產生干擾失真的結果。以心理學家艾美‧柯蒂（Amy Cuddy）的研究為例，[35]柯蒂和一位同仁一起調查人類的姿勢是否會產生物理和心理的差異。是否擺出「強姿勢」——將雙腿放在桌上或雙臂張開，確實會造成極大差異。受試者不只認為這種姿勢讓自己感覺更強壯，也會產生生理上的效果：催生更多優勢賀爾蒙睪酮素，減少造成壓力的皮質醇。柯蒂用這個主題在 TED 發表一段極受歡迎的演說，她的書也成為一本暢銷作。

但如果仔細觀察柯蒂原本的研究結果，就會發現結論的基礎其實是非常小的樣本團體：只有 42 人參與試驗。當其他研究者以 200 人的規模重新進行柯蒂的實驗時，結果並非如此顯著。受試者確實在心理上覺得自己更有力量了，但研究者找不到賀爾蒙的差異。[36]

學者迄今依然進行小樣本的研究，特別是在神經科學領域，因為這種類型的研究費用非常高昂，所以不令人訝異。[37]但是如果我們希望這些研究可以促進對於人類心智、健康以及發展的理解，研究的結果可能還不甚精確。

隨機抽樣是解決問題的方法？

抵達性研究所 5 天後，3 位統計學家開始撰寫調查結果。在與金賽討論期間，他們用粉筆在黑板上提出非常多的計算

式和數據，讓金賽了解他的研究其實沒有代表性。金賽教授
雖然強烈反對3位統計學家的觀點，卻無法提出更好的反駁
（金賽沒有受過統計學訓練）。

　　金賽對3位統計學家即將撰寫的調查報告感到非常緊
張，他決定前往紐約，尋求喬治‧蓋洛普（George Gallup）
的建議。蓋洛普，正是當時首屈一指的民調專家。他在1936
年、1940年以及1944年，都正確預測美國總統大選結果，
但是在1948年時他的預測錯誤。也正是蓋洛普和其他民調
專家的研究成果，讓《芝加哥每日論壇報》滿懷信心地提前
發表杜威勝選的頭條新聞。

　　此時，蓋洛普已經知道讓他蒙羞的可能原因：樣本人
數。他將民調人員送至全美各地，身上都帶著一張「類型清
單」，其中記載諸如「中產階級女性」等不同類型的團體成
員。他的訪談人員必須在每種類型的團體中，蒐集至少符合
最低數量的問卷調查結果。

　　對於我們稍早探討的問題，蓋洛普的方法似乎沒有犯任
何邏輯上的錯誤：不要將任何人排除在樣本之外，並讓樣本
人數達到可蒐集足夠的數據。時至今日，市場調查公司依然
存有相同的觀念，他們通常都會在各個郡縣和民眾交談，希
望獲得在性別和年齡上都非常均衡的數據。數據蒐集完成
後，如果特定團體的代表人數過多或過少，他們也會立刻進
行修正。舉例而言，如果樣本中的女性過少，女性受訪人的

回答就會獲得更高的計算權重。這種修正方式，可協助數據更有代表性。

　　但是，蓋洛普的配額抽樣其實有個積習已久的問題。一位民調專家針對蓋洛普民調方法的報告，清楚揭露了這個問題。1937年，這位數據蒐集人藉由和建築工地工人談話，取得教育程度較低團體的抽樣調查資料。他趁工人的午餐時間加入他們的談話。「你贊同或反對與德國建立簽訂協約？你、你，還有你，你們的想法如何？」[38] 但是，這位民調專家強調，這種「方法」根本不適用於更富裕的階級。「你必須鼓起勇氣，前往城市中更高級的區域，努力找出哪戶人家適合進行訪談。」

　　只是，如果是狗會追逐訪談人的家庭，又該如何處理？或者中餐時間選擇在家用餐的低教育程度工人，又要如何訪談？相較於更容易取得意見的同儕，他們可能對同一問題會有不同看法，但他們的意見根本無法進入訪談人的數據資料庫。

　　這種配額抽樣的謬誤（以及許多現代民調公司的權重方法謬誤），都是假設人們的意見只會被少數（而且容易測量）的因素影響，例如收入、性別以及年紀。但除了上述因素，我們很有可能也會受到個性、對於未來的夢想、青春期、性偏好、摯友……等影響，影響的因素根本無窮無盡。因此，我們根本不知道究竟什麼因素影響了你的意見，以及──重點在此——民調機構應依照何種因素進行調整。

因此，對於金賽而言，配額抽樣不是一個替代的好方法。但是他又該如何進行研究？3位統計學家知道答案：**隨機抽樣**。約翰・圖奇主張對金賽來說，更好的方法是隨機打開電話簿，然後採訪所有名字叫「霍利」（Hole）的人。圖奇對金賽說：「如果我是你的話，我寧願用400筆隨機樣本數據，交換你原本擁有的18000筆個案調查數據。」[39]

隨機抽樣依然是樣本調查的聖杯。假設每人都有均等機率納入研究調查中，隨機抽樣調查有望在總人口數中達成良好的涵蓋比例。[40]例如統計調查局等機構，通常都會有公民的資料，所以能從數據庫中選出隨機構成的團體。在遭受1948年總統大選的恥辱後，蓋洛普和他的民意調查人員開始使用隨機抽樣調查。這也是陷入困境中的金賽想知道的：隨機抽樣，是否真的比較好？

金賽抵達紐約後，蓋洛普用了幾個小時，教導金賽隨機抽樣。蓋洛普也向金賽保證，關於統計學家的審查，結果並不會太糟。因為隨機抽樣有個嚴重缺點：不是每個人都能參與調查。

4. 太少人願意參加調查

蓋洛普和民調同仁一起使用隨機抽樣調查時，很快就發現有些人不在家，或不想參與調查。隨機抽樣可能在科學上是有憑有據的，但像蓋洛普這樣的民調專家並沒有太多耐心。他們必須營利，即使某種抽樣法的代表性較低，也夠滿足他們的需求了。

即使你能夠詢問到具代表性的團體，若對問題表示「不回應」，代表這個團體即使參與調查，依然不算具必要的代表性。關於金賽研究的主題：性，受訪者不願合作的機率特別高。舉例而言，採訪人知道當他在大學校園訪問一位女學生時，可能許多男孩都躲在門外偷聽。因為男學生也明白，如果受訪者有性經驗，採訪人才會繼續提出問題。因此，如果女學生在訪談室中停留超過1小時——沒錯，這個女同學已經不是處女了。[41] 所以女學生對金賽的研究參與度低，也就不令人意外了。

如果太多人不願接受訪談，隨機抽樣的數據可能瞬間就會顯得毫無價值。以《紐約時報》2015年的頭條為例：「四分之一女性曾在大學校園中遭到性侵犯」。[42] 比例竟然高達25％！真是令人震驚。但慶幸的是，這個數據很有可能是過度高估。原始研究報告的篇幅長達288頁[43]，但實際上參與這次調查的大學只有27所，在全美大學總數中只是少數。更重要的是，這個研究一共詢問77萬9170名女學生，但只有15萬72人決定填寫問卷。換句話說，實際參與調查的女學生比例只有19.3％。

倘若拒絕填寫問卷的人，與實際上參與問卷調查的人，兩者間的差異不大，那也無妨，但是有許多理由讓我們相信，兩個團體確實不相同。從未遭到性侵犯的女性，可能不認為自己有必要花時間填寫問卷。倘若如此，假設並未參與問卷調查的80％女大生，確實就是從未遭到性侵犯或性騷擾的女性，又該怎麼辦？這代表遭到性侵犯的女性受害者比例，將會從25％降至5％。另一方面，如果假設並未參與問卷調查的人，她們的答案都是「是，我曾遭受過性侵犯」，受害者的比例就會提高至85％。[44]在處理諸如性侵犯等議題時，我們必須嚴謹地對待數字。學者都非常清楚這點，但《紐約時報》依然選擇採用聳動標題。

金賽也用這個理由，反對3位統計學家的要求，他們希望金賽使用隨機抽樣，但金賽主張隨機抽樣將會導致太少人願意參與調查。然而，不調查可能會在問卷中填寫否定選項的人，也不是解決方法。正如遭到性侵犯經驗的調查，我們希望知道拒絕作答的團體，對調查結果有何影響力。缺席的團體的資訊不只讓金賽的研究變得沒有可靠性，更讓我們完全不可能知道其研究結果之不可靠程度。

5. 邊際誤差遭到忽略

有缺陷的問題、排除特定團體、樣本數量太少以及受訪者不願表達意見，是民意調查無法如表面上準確反映現實情況的四個原因。但是，即使問題比瑞士還要中立，樣本夠大且有代表性，我們依然面對一個永遠無法解決的問題：**無法訪問每個人的意見**。團體中只有一小部分接受訪談，這也是抽樣調查的核心觀念。但規模較小的團體幾乎無法完全符合總人口的情況。如果金賽使用抽樣調查，調查結果會顯示在某個時期的同性戀人數將略高於另一個時期，或通姦者的人數可能會更少，這單純取決於團體中何者接受抽樣訪談的機率。

基於這個理由，民意調查一定會有**邊際誤差**。誤差程度也顯示現實將與調查結果有所出入。[45] 經驗法則顯示，樣本愈大，邊際誤差就會愈小。我們可用公式計算準確的邊際誤差，但還是有簡單的處理方法，例如查詢 goodcaculators.com 等線上計算網站，就能計算隨機樣本數的邊際誤差。

假設金賽當初確實隨機抽取樣本，如果他的結果指出，受試者中有 50% 曾經有過不忠，其邊際誤差是多少？倘若他只採訪 100 名男性，邊際誤差可能是高於或低於 10%。[46] 然而由於金賽的樣本人數是 5300 名左右的男性，所以邊際誤差大約是 1.3%。

媒體經常忽略樣本的邊際誤差，特別是在選舉的民意調查上，可能會有幾個百分點的誤差。但小幅度的民意差距，可能就是報紙專欄文章以及談話節目的重點。

然而在 2016 年時，許多報社都主張美國總統大選的民調結果出現嚴重錯誤，但如果仔細觀察邊際誤差，就會發現

民調結果似乎沒有嚴重錯誤。不過在某些州，民調專家確實
犯了嚴重的錯誤。在威斯康辛州，川普的民調比馬奎特法學
院（Marquette Law School）的預測多出6個百分點；在密爾
瓦基郊區，川普的民調則高出10個百分點。[47]

　　一般而言，民調的預測通常相當準確。川普在最後的普
選票——也就是美國公民的總票數[48]——只比民意調查預測
的得票率多出1到2個百分點，符合知名民調專家預測的邊
際誤差，如美國廣播公司新聞網（ABC）和《華盛頓郵報》
都認為邊際誤差為4%。[49]因此，如果我們仔細思考邊際誤
差，會發現川普的勝利其實毫不令人意外。更重要的是，民
意調查和實際投票結果之間的差異，甚至小於歐巴馬在2012
年的總統大選，當時沒有任何人抱怨民調數字的問題。[50]在
2016年總統大選中，有問題的不是民調專家，而是媒體。

　　我們究竟能從中學到什麼啟示？蒐集數據的時候，結果
或多或少都無法完全準確，這是普遍通則。不要認為數據可
以準確重現真相，我們應該認為自己是從毛玻璃觀察：**可以
看見輪廓，但永遠無法銳利地將焦點對準玻璃中的事物。**

當女主播討論百分比

　　「給我一點時間發表意見。」2015年3月18日，電視新
聞主播迪昂妮・史塔克斯（Dionne Stax）在荷蘭電視台的新
聞節目中表示，[51]「如果我想完全準確，我應該要說『百分

點』，但是我們今晚不會說百分點。我會固定說『百分比』，這點必須先讓各位觀眾知道。」

你可以完全相信以下這句話：每一次的大選之夜，一定會有人抱怨其他人用不正確的方式使用「百分比」。荷蘭區域選舉的情況也一樣。史塔克斯在電視節目上討論選舉結果，很快就在推特上收到一篇針對她的批判推文，批評理由是她混淆了「百分比」和「百分點」。

「百分比」和「百分點」之間有什麼差異？假設一個政黨在前一次選舉中獲得5％的選票，這次提高至10％。在這個情況下，史塔克斯會說這個政黨的選票提高了5％。事實上，她的說法是錯的。由於政黨獲得的選票比例提高2倍，因此是**提高了100％**。如果你想按照史塔克斯的風格描述，你應該說：**增加5個百分點**。

6. 特定的結果對研究者而言非常重要

1954年，在拜訪金賽研究所4年後，統計學家摩斯特勒、考科藍以及圖奇出版了對於金賽性研究的批判報告，篇幅為338頁。他們認為金賽確實完成一次令人印象深刻的研究結果，但樣本無法公允地反映美國男性普遍面貌。同時，金賽也出版了以相同研究途徑完成的女性性生活研究報告，當然同樣沒有足夠代表性，所以內容依然是失真的觀點，但這並未影響金賽研究報告的熱門度。「大多數美國人毫不在意學術研究者的想法。他們只希望傾聽金賽對美國女人的發現。」金賽的傳記作家詹姆斯·瓊斯（James Jones），在1997年寫道。[52]

即使到了今日，金賽的性研究依然引發激烈討論，但討論的重點不是金賽研究的代表性，而是金賽研究報告書中第5章關於男性探討的4張圖表，內容實在令人驚訝。圖表說明調查範圍是317名男孩，年紀最大的是15歲，最小的則僅有2個月大。第一張圖表顯示曾體驗過性高潮的比例；第二張圖表則是達到性高潮需要的時間（平均為3.2分鐘）；第三張和第四張圖表則是顯示在可能長達24小時的觀察期間，曾經體驗多次性高潮的男孩。這2張圖表顯示，金賽在9名不同男性身上蒐集相關數據，但在2005年時，被踢爆報告書的說詞是場謊言，提供數據的其實只有1位男性，[53]但為保護這位男性，金賽假裝數據來源是多位。

背後的真相究竟為何？這位神祕的X先生還是小孩時，曾與祖母和父親發生性關係。[54]從此之後，X先生開啟了一段對性非常執迷的人生。金賽的同仁在1972年首度詳細撰寫X先生的故事，而在當年金賽等人與他取得聯絡時，他「已經與600名尚未進入青春期的男性發生同性性行為，與200名尚未進入青春期的女性發生異性性行為，與無數的成年男女性發生性行為，並與各種動物性交……」[55]X先生詳細記錄了自己的性行為。

金賽認為 X 先生的紀錄是研究的金礦。「就一位研究者來說，我非常敬佩您多年來持續不斷地蒐集了這些資料。」金賽寫道。X 先生是一位公務員，因職務關係，他經常旅行各地。X 先生在飯店的房間鑽洞，觀察鄰房旅客，並且記錄他所看見的性行為。「（我）對於您在飯店的觀察資料非常有興趣。」金賽寫道。金賽不認為使用這些資料有何問題。作為研究人員，金賽相信，他的使命就是提出事實，而非去做道德判斷。

只是金賽忽略了一個真正的重點：**身為一介研究人員，永遠都必須做道德判斷**。研究人員選擇重要的議題，選擇他們應對受訪者的方法，選擇他們最後希望如何處理自己所蒐集的資訊。金賽聲稱數據來自好幾位男性的謊言，是科學上的錯誤；然而在許多人眼中，金賽使用涉嫌兒童性虐待的數據，則是道德上的錯誤。將 X 先生視為研究同仁，代表金賽也接受 X 先生的所做所為。

這不是金賽唯一的汙點。數十年來，這位表面上看來永遠追求客觀、總是配戴領結的教授，內心對自己的性認同感到非常糾結。根據金賽的傳記作家詹姆斯・瓊斯的描述，金賽曾與男性有染，嘗試性虐，並且鼓勵在大學任教的同仁保持開放性的婚姻關係。金賽相信，當時的保守規範讓人無法忠於自我。他甚至懷疑戀童癖是否真如他人所說的那般邪惡。金賽曾經告訴一位同仁，在某些情況中，與成人和孩童發生性行為，其實是有益的。

影星連恩・尼遜（Liam Neeson）主演的電影《金賽性學教室》（*Kinsey*）在2004年上映時，金賽在1948年的研究再度引發熱潮。性自主的倡議者稱金賽是性革命、避孕藥、墮胎以及同志權利之先鋒；反對者則責備金賽讓社會接受異常的性行為。但無論你的立場為何，都不應忽略一個事實：金賽的數據不是客觀的。金賽的研究只是受到一個使命的影響：破除性規範。

我們永遠不應只在乎如何蒐集數據，也該關切是「誰」在蒐集數據。

在金賽的例子中我們可以見到，他所蒐集的不具代表性的數據，只是拿來證實他的直覺假設：人類的實際行為，與社會的倫常其實大相逕庭。金賽的研究雖然不乏科學化的數據和圖表，但終歸只能算是一場社會運動。

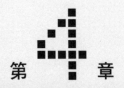

第 4 章

吸菸導致肺癌
（但鸛鳥不會送來嬰兒）

Smoking causes lung cancer
(but storks do not deliver babies)

1953年，菸草產業遇到大問題了。[1]菲利普莫里斯國際公司（Philip Morris & Co.）、美國聯合菸草公司（United States Tobacco Company）以及其他香菸製造商的股價突然一落千丈，起因是癌症研究專家恩涅斯特・溫德（Ernest Wynder）和同仁發表的結果。他們使用駱駝毛刷，將香菸中的焦油塗抹在白老鼠被剃過毛的背上。[2]

實驗結果非常驚人：在測試組中，44％的老鼠都罹患癌症。在81隻被塗抹焦油的老鼠中，只有10％在20個月後依然存活。在沒有塗抹焦油的控制組中，沒有任何一隻老鼠罹患癌症，其中53％在20個月後依然存活。《紐約時報》《生活雜誌》以及極受歡迎的《讀者文摘》，都因這篇研究報告的發表而透露出不安。《讀者文摘》甚至下了一個古怪的標題：〈菸盒引發的癌症〉（Cancer by the Carton）。

大型菸草公司已經不能忽略民眾的公憤，他們於同年

12月在紐約中央公園飯店的會議室聚會。[3] 在這間名聲顯赫的飯店裡，他們想要提出計畫，保護菸草產業免於被學者批判攻擊。有個最能幫助菸草公司的人也加入這場會議，他的名字是約翰‧希爾（John Hill）。希爾是全美首屈一指的公關顧問公司：偉達公關顧問公司（Hill and Knowlton）的執行長。在希爾的幫助下，菸草公司希望說服民眾相信，溫德和同仁的指控並沒有科學基礎。菸草公司可以證明對於香菸所抱持的所有憂慮，都只是無稽之談。

因此，1954年1月4日，大型菸草公司共同成立菸草產業研究委員會。[4] 在超過400份不同的報紙中刊登全版廣告，向民眾保證其產品絕對不會對人體造成傷害。[5] 菸草公司主張，人類享受菸草已經數百年，菸草的批判者卻將「幾乎所有疾病都怪到菸草頭上」。委員會也指出，對於菸草的批判經常缺乏醫學證據，導致民眾已經開始嚴重懷疑菸草是否造成人體危害，這也引發香菸製造商的深刻擔憂，所以香菸製造商已成立跨公司的產業研究委員會，致力研究「各種階段的菸草使用和人體健康」。

這個事件也是長達將近50年、無數生命消逝的陰謀論起點。美國司法部後來主張，在當年惡名昭彰的12月，大型菸草公司在「針對吸菸如何影響健康這個層面上，欺騙了美國人民」。[6]

但是，欺騙世人的不只是菸草產業公司。數千位科學家，也參與了這場騙局。

• 用統計說謊

在菸草產業發表報紙全版廣告的同一年，達雷爾・赫夫（Darrell Huff）出版了《別讓統計數字騙了你》（*How to Lie with Statistics*）一書。[7]這本篇幅142頁的書，成為史上最暢銷的數字探討作品。赫夫本人不是統計學家，而是一位充滿好奇心的記者。[8]

赫夫較早期的書籍作品主題是攝影、職涯發展以及小狗，現在他決定將領域延伸至數字的錯誤應用。「騙子早已熟悉各種技倆，所以老實人必須學會如何自保。」赫夫的著作風行一時，光是英文版就銷售超過150萬冊。

赫夫的作品也是我個人最喜歡的數字探討書籍。他的筆觸充滿幽默感，書寫時至今日依然層出不窮的各種謬誤，例如沒有代表性的民意調查結果以及誤導認知的圖表。他也談到另外一種典型謬誤：混淆相關性和因果關係。這個謬誤是指由於兩個事物間有相關性，代表其中一個事物，必定會自動引發另一個事物。

舉例而言，赫夫提出我們可以藉由計算一幢房子屋頂上的鸛鳥（在西方又稱送子鳥）鳥巢數量，估計屋裡有幾個嬰兒。換言之，嬰兒和鸛鳥的數量有相關性。但是請容許我先

「劇透」：鸛鳥，是不會將嬰兒送到人類家中的。兩個事物之間的關聯（相關性），不代表其中一個事物就會引發另一個事物（因果關係）。影響兩個事物的，很有可能是另一個因素。赫夫寫道：「因為大房子通常是大家族在住，或者有潛力成為大家族的家庭會入住。而大房子有很多根煙囪，所以鸛鳥就可能會在煙囪上築巢。」

發現這個謬誤不只對統計學家很重要，對我們所有人來說也是。許多重要決策，都是基於假設的因果關係。政府決定採取「公部門瘦身」政策，是因為政府認為部門縮編可降低政府債務；吸菸的人決定戒菸，是因為醫師聲稱如果再不戒菸，就會罹患肺癌；我也想盡可能減少搭乘飛機，因為專家說少搭飛機對環境有幫助。上述的觀點在於，如果我們知道某件事物的起因，就能夠加以避免。

但是，我們不應該混淆事物的相關性和因果關係。我們稍早已經討論過這個議題，例如政治人物因某個人的膚色就判定他或她的智商分數，以及心理學家艾美・柯蒂主張姿勢會決定人們的賀爾蒙分泌程度。

然而，這種因果關係的推論謬誤，最常出現在關於健康的新聞報導中。飲用琴通寧酒有助減輕花粉症[9]；如果剃光陰毛，罹患性病的機率就會增加[10]；黑巧克力有助維持心臟健康[11]——以上只是少數在日常生活中不斷轟炸我們的相關新聞報導。這種主張容易被誇大，原因不只是媒體喜歡報導浮誇的消息。事實上，關鍵的問題通常起源於負責發表健康研究的大學出版部門。學者佩托克‧桑納（Petroc Sumner）和研究同仁分析英國20所大學，從2011年出版的生物醫學和相關科學研究文獻。他們發現，大約33％的出版文獻過度誇大因果關係[12]；而大約80％的新聞報導採納過度誇大的因果關係。

　　身為一位數字消費者，如果你對記者和科學家的公信力不抱太大期望，又該如何分辨一個說法到底是事實還是虛構？舉例而言，你要如何相信吸菸會導致肺癌？《別讓統計數字騙了你》一書給了我們一些提示。在這本書中，赫夫舉出3種人們可能會不假思索地認為是「因果關係」，但其實只是具有「相關性」的人性謬誤。

只是巧合

　　一本食譜。強納森‧雪恩菲爾德（Jonathan Schoenfeld）醫師和約翰‧艾歐安尼迪斯（John Ioannidis）醫師，將一本食譜作為癌症研究分析的資料來源。[13]他們選擇從《波士頓烹飪學校烹飪書》（*The Boston Cooking School Cook Book*）中隨機摘錄食譜，記錄他們看見的前50種食材。帶著這張食材清單，他們走進「公共醫學」（PubMed）研究檔案庫。他們的第一個研究發現令人不禁好奇：在50種食材中，有40種與一個或多個癌症的研究有關。「我們吃的所有食物，都與癌症有關聯嗎？」兩位學者思忖。

　　他們的第二個發現更是非比尋常。各種不同的研究資料，經常指出同一種食材，足以提高或降低罹患癌症機率。舉例而言，如果一份研究發現紅酒對人體有益，就會發現另一份研究資料，主張最好不要喝眼前那杯紅酒。

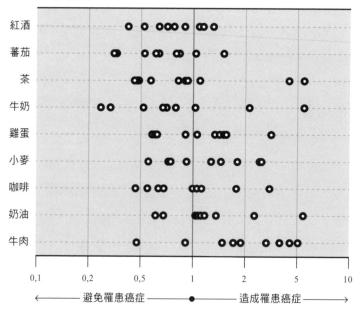

癌症和各種飲食之間的相關性

資料來源：Schoenfeld and Ioannidis (2013)

雪恩菲爾德和艾歐安尼迪斯決定將範圍縮小，研究至少10份研究報告提到的其中20種食材。在這些食材中，他們發現有17種都呈現矛盾的研究結論，範圍包括從番茄至茶，從咖啡到牛肉。

研究結果不可能全部正確，但完成相關研究的學者，究竟該如何提出結論？赫夫提出一個可能的解釋：**只是巧合**（也是他所提出的第一個「相關性」謬誤）。「神算章魚哥」的故事，為我們演繹了當相關性發生巧合時，事情究竟會如何進展。[14] 2010年時，德國奧伯豪森水族館所飼養的一隻章魚保羅，成功地預測世界杯足球賽的8場賽事結果。保羅屢次用觸腳打開在牠眼前的其中一個餐盒，而餐盒旗幟上的球隊就會贏得隨後舉行的賽事。結果，全球眾多記者一再滿懷興奮之情地等待保羅的預測。當荷蘭隊進入決賽，即將與西班牙角逐金盃時，保羅預測荷蘭將會敗北作收。章魚保羅成為一個「名人」。西班牙奧卡爾瓦利尼奧（O Carballiño）市讓章魚保羅成為榮譽市民，而想申請舉辦2018年世界盃足球賽的英格蘭，也邀請保羅擔任推廣大使；而伊朗總統馬哈茂德‧艾哈邁迪內賈德（Mahmoud Ahmadinejad）則是將章魚保羅視為「西方墮落與衰敗的象徵」。

但如果保羅只是純粹運氣好？保羅準確預測8場賽事結果的純粹機率，等同於我們連續丟銅板8次都是人頭的機率：二百五十六分之一，或0.4%。雖然這個機率看起來很小，但你贏得樂透的機率，則是比連續預測8次成功還低了20萬倍——四千五百萬分之一。[15]

如果你知道其他動物如何在世界盃足球賽中競爭預言家的角色，章魚哥保羅的故事就會變得更不那麼令人嘖嘖稱奇。我們要如何評論豪豬里昂（Leon the Porcupine）、倭河馬佩蒂（Petty the Pygmy Hippopotamus）以及狨猴安東（Anton the Tamarin）這些動物？牠們都在世界盃足球賽期間提出預測，但比起章魚哥保羅，牠們的運氣比較差。如果我們聚集足夠的動物進行結果預測，一定會有一隻動物會提出正確答案。

同樣道理可以應用至相關性。只要觀察時間夠長，我們永遠都會找到其中的關係。數據分析師泰勒·維根（Tyler Vigen）是最適合證明這點的人，他因在個人網站「偽造的相關性」（Spurious Correlations）中發表各種詭異的相關性而聲名大噪。[16]舉例而言，他發現每年因跌落泳池而溺水的人數，幾乎完全符合尼可拉斯·凱吉每年參演的電影數量。起司的食用趨勢更是令人惶恐，因為接近被床單纏住而窒息身亡的人數。

維根提出的相關性舉例可說是明顯的無稽之談，所以我們可以一笑置之；但如果是在醫學研究中提出呈現相關性，可就令我們無法輕鬆地視為有趣觀點。

漫畫家蘭德爾·蒙羅（Randall Munroe）在網路漫畫

xkcd中便表現這種手法。[17]漫畫開場是一位留著馬尾、呆頭呆腦的人物在第一格畫面大喊:「雷根糖會導致粉刺!」在下一格畫面中,2位科學家——一位配戴實驗用護目鏡,看起來很呆;另一位則拿著文件,呈現他們的研究結果:果醬和粉刺之間沒有關聯。「我聽說,只有特定顏色的果醬會導致粉刺。」馬尾人如此回答。科學家在下一格畫面回來了,這次則是傳達另一個訊息:紫色雷根糖和粉刺沒有關聯,而且棕色、粉紅色、藍色、藍綠色、淺橙色、紅色、綠松石色、品紅色、黃色、灰色、褐色、青綠色、淡紫色、米黃色、紫丁香色、黑色、桃色或橘色的雷根糖,都跟粉刺無關。但是,他們確實發現某個顏色的雷根糖和粉刺有關。漫畫最後一格是報紙頭版:「綠色雷根糖與粉刺有關!」

•••

在稍早的討論中,我們已經看見樣本數過小的問題,而蒙羅的漫畫則是提出另外兩個同樣在科學研究中所盛行的問題。第一個是「**發表偏差**」(publication bias)。我們會看到的研究,通常都是找到顯著相關性的研究。眾多研究領域都有一個箴言:如果不顯著,代表不重要。因此,科學家不只希望確保媒體願意報導研究結果,同時也希望研究結果能發表在科學期刊。也就是說,沒有價值的研究結果會被擱置在抽屜中,導致科學研究的全貌扭曲失真。因為研究人員希望發表自己的結果,所以他們就會在數據資料中尋找明確的相關性。這種想法本身是沒有問題的，但正如上述雷根糖的諷刺漫畫，如果找得夠久，一定會有某種程度的發現。

　　漫畫中的報紙頭條也寫道：「只有5%的巧合事件！」漫畫家蒙羅藉此表示所謂的「p值」（p-value）。p值用於測量統計結果可能是巧合的程度。在二十世紀，p值成為測量相關性顯著程度的唯一方法，這必須歸功於知名統計學家羅蘭·費雪（Ronald Fisher）。

　　如果想調查綠色雷根糖和粉刺之間是否有因果關係，可使用阿奇·考科藍的方法進行試驗：將受試者分為兩組。第一組每天吃下綠色雷根糖，時間為1個月；第二組則吃下綠色糖果。在吃下綠色糖果的團體中，試驗結束時有10%出現粉刺；而在吃下綠色雷根糖的團體中，則有更多人產生粉刺，但很有可能只是純屬巧合。

　　顯然地，如果在吃下綠色雷根糖的團體中，所有受試者都出現粉刺，就不太可能只是巧合了。但是，如果是90%能說不是巧合嗎？50%呢？我們必須做出明確的區分。p值的意義在於一種**可能性**，如果雷根糖實際上根本不會造成粉刺，但我們依然可能會在吃下雷根糖的團體中，發現較高的粉刺患者比例。倘若這個可能性低於所有人都同意的分水嶺──通常是5%，代表即使你找到的病患比例並不高，但依然可以認為這個相關性「有統計學上的重要性」。

　　但是，雷根糖可能確實不會造成粉刺。在p值為5的情況下，我們還是會在5%的研究範圍中，發現令人驚訝的結果。就像你可以贏得樂透的機率很低，但世界上還是會有樂透贏家。

••••

我們現在要討論科學領域的第二個重要問題。長久以來，許多社會科學領域都極度狂熱地專注於p值。科學期刊傾向於只發表有重要意義的論文，除此之外，許多學者都必須遵守「發表論文或遭到淘汰」的箴言。倘若發表的論文數量不夠，就會被打入冷宮。因此，有些科學家瘋狂地開始挖掘更低的p值研究，也就是所謂的「**操控p值**」（p-hacking）。

曾在康乃爾大學任教的食品科學家布萊恩·萬辛克（Brian Wansink），將操控p值提升至另一個層次。他發表的研究結果指出，如果將芝麻街貼紙貼在蘋果上，小孩會更願意吃蘋果[18]；以及使用的餐盤愈小，人的進食量就會變少。[19]這份研究引發媒體關注，包括《紐約時報》在內，他也在小布希任職美國總統期間，在農業部負責帶領營養政策和宣傳中心。

但事實證明，萬辛克的研究漏洞百出。在2017年一封外流電子郵件內容中，明確顯示萬辛克和同仁對待研究工作的方式。舉例而言，萬辛克底下的一位研究學者曾寫信給萬辛克表示，她已經分析了吃到飽餐廳的數據資料，但沒有發現任何結果。萬辛克則回信說道：「所有我曾處理過的有趣研究，都不曾在第一次分析時，就『找出』有趣的數據。」[20]
此外，萬辛克也向這位同仁提出一個想法：「請思考有沒有
切割數據的其他方式，然後再分析切割後的子數據組，並找
出關聯。」換言之，萬辛克要求這位同仁「研究所有雷根糖，
直到找出其中一種顏色的雷根糖和粉刺有關」。

條然間，雪恩菲爾德和艾歐安尼迪斯發現許多日常食物
都和癌症有關，似乎也不那麼令人驚訝了。感謝「發表偏
差」，找不到相關性的研究可說是不見天日，但只要研究人
員可以在低 p 值中找到相關性，就能繼續操控 p 值。至於兩
個事物在一個情境中有正相關，但在另一個情境中是負相
關，只要這個相關性是重要的，就沒有關係了。

消失的因素

1941 年 8 月，阿奇・考科藍收到德國人送來的酵母片
後，監獄的水腫病患人數很快就下降了。然而我們依然無法
確定酵母片就是水腫病患人數急速減少的原因，因為考科藍
向德國人提出要求時，他要求的不只是「一次送來許多酵母
片」，還有「盡快增加飲食」。[21] 德國人同意了他的兩個要求。
酵母片到了，幾天之後囚犯也獲得更多飲食，他們 1 天能夠
攝取 800 大卡——雖然還是微不足道。水腫病患急速減少的
原因究竟是什麼？很有可能是豐足的飲食。

還有另一個值得討論的議題。正如稍早的描述，考科藍

將這次試驗稱為他個人最成功,也是最失敗的試驗,因為樣本人數過少。考科藍還提出另一個理由:他測試了錯誤的假設。考科藍假設腳氣病造成病患的腳踝和膝蓋水腫,因此使用維他命B(酵母片)進行實驗。但是考科藍在自傳中提到,最有可能的原因是飢餓所引發的水腫,而不是腳氣病。如果病因是飢餓水腫,解決方法不是增加攝取維他命B,而是更多食物。為什麼考科藍進行**酵母片**實驗時,病患的情況獲得改善?那是一個謎題,考科藍寫道,但他推測可能是因為**酵母片的蛋白質**。

考科藍的故事,讓我們開始思考第二個相關性謬誤:**同時影響「起因」和「結果」的因素遭到忽視**。我們在考科藍的故事中明確看見這個現象。病患服用酵母片,攝取更多維他命B(起因),水腫**同時**獲得改善(結果),但這個現象不代表維他命B就是水腫的治療方法。這個對比可對照至赫夫提出的鸛鳥鳥巢數量和嬰兒人數之對比。在考科藍的故事中,病患獲得更多食物供給才是重要因素。

讓我們看看另一個例子。赫夫在他的著作中,描述另一個探討吸菸和學校測驗成績結果的研究。研究結果揭露,吸菸的學生成績較差,所以學生不應該吸菸嗎?無稽之談,赫夫心想。在這個例子中,還有其他因素影響成績較低的學生以及吸菸的學生。或許是因為社交能力更好的學生傾向吸菸,因為他們社交生活比較活躍,所以埋首書中的時間較少。又或者,成績和吸菸習慣的差異是來自學生的性格較外向或內向?「重點在於,如果眼前有許多合理的解釋,我們不能擅自選出符合自身觀點的解釋,並堅持這個解釋就是正確答案。」

2015年,荷蘭舉行一個大型研究計畫,研究超過37000名乳癌患者,也犯了相同錯誤。[22]根據研究計畫的發表結果,研究人員相信接受乳房腫瘤切除手術(通常也會採用放射線治療)的女性,其生命時間將比接受乳房切除手術的女性更長。[23]這個研究計畫的觀點引發媒體關注,荷蘭乳癌協會立刻接到大量擔憂的女性詢問。她們選擇接受乳房切除手術是不是錯了?她們是否應該接受放射線治療?各家醫院的網站很快就發表安撫病患情緒的訊息[24],而研究報告的作者群稍後也強調,他們並未發現因果關係。[25]

關鍵在於,其他因素也會產生影響,造成病患選擇特定治療方式(起因)與病患的存活率(結果)之差異。舉例而言,如果病患還有其他疾病(例如心臟衰竭),切除乳房是更常見的選擇[26],理由在於放射線治療對病患原本已經非常虛弱的身體而言,將是過於強烈的介入治療。因此,採用乳房切除手術的病患更容易死亡,原因可能與手術類型無關,而是與病患的健康狀態較差有關。

相反的因果關係

赫夫探討的第三個，也是最後一個相關性謬誤，則是**相反的因果關係**。下雨時，我們會看見許多人都撐傘，但我們可以說是因為雨傘造成下雨的嗎？當然不能，是因為下雨才讓許多人撐傘。

但是赫夫讓我們看見，因果關係並非往往都如此清楚。如果富人擁有許多股票，他們致富的原因難道都是股票嗎？或者是因為他們已經很富有，所以才能購入大量股票？兩種假設可能都是對的。因果關係可以雙向運作——某個人很富有，所以購入股票，然後變得更富有，再購入更多股票，諸如此類。

同樣道理也適用於「肥胖矛盾」，也就是體重過重的人，存活率有時比「正常體重」的人更好。這個發現很令人驚訝，因為我們總是聽說肥胖對健康有害。可是研究人員卻主張，肥胖必定能夠保護人們活得更長久。

但是他們忽略了一個因素：如果你生病了，你的體重會下降。較輕的體重不一定是健康惡化的起因，而是結果。2015 年的一份研究確認這個結果，並調整對體重下降的分析。[27]

因此，請讀者記得，相關性不一定代表兩者間確實有因果關係，可能是因為巧合（第一種相關性謬誤）、消失的因素（第二種相關性謬誤），或者相反的因果關係（第三種相關性謬誤）扮演了一定程度的角色。

　　但是，我們要如何知道兩者間**確實有**因果關係？更準確地說，我們要如何發現，吸菸確實會導致肺癌？[28]

當每個人都對培根感到憤怒

　　2015年春天，香腸或臘腸等加工肉類產品在荷蘭成為頭條新聞。[29]荷蘭公共電視（NOS）報導：「每天食用加工肉類的人，罹患大腸癌的機率幾乎比一般人高出20倍。」其他國際媒體也開始討論這則新聞，荷蘭諧星亞爾簡‧路巴克（Arjen Lubach）不禁揶揄：「每個人都參與『盡力報導致癌物質』遊戲了嗎？」[30]荷蘭《都市日報》（Metro）頭條新聞表示：「培根就像吸菸一樣會致癌。」隔天，該報繼續火力全開：「我要如何進食而不致死？」（路巴克再次揶揄，「如果你成功達成這個目標，將是史上第一人」）。

　　荷蘭公共電視過度誇大這個訊息。所謂「幾乎高出20倍」，應該是「幾乎高出20％」。但是，即使是提出正確數字的媒體，也參與了這場駭人聽聞的消息散播。雖然持平地說，高出20％確實是很可觀的數字。

　　但大多數報導都忽略一個重要細節：**是什麼的**20％？如果仔細觀察數據，就會發現在100位荷蘭人中，會有6位在人生某個階段罹患大腸癌。[31]而根據世界衛生組織資料，如果不再食用加工肉品，這個機率就會下降18％，而這個數字就是「高出20％」的由來。[32]從每100人中會有6人罹患大腸癌,變成會有5人罹癌。

我們經常在健康新聞中看見這種報導方式。我們看見的是相對風險(高出20％),但這種數字與**絕對數字**(100人中減少1人罹患大腸癌)毫無關係。

• 希特勒如何拯救數百萬菸槍性命?

關於吸菸和肺癌的研究是如何開始的?1953年,溫德和同仁在研究時將焦油塗抹在老鼠背上,他們的研究結果讓香菸製造商非常惱火。但是關於吸菸造成的健康問題,其科學研究的歷史更為悠久。早在1898年,德國醫學生赫曼‧羅特曼(Hermann Rottmann)就寫了一篇文章,探討吸菸和肺癌間的可能關係。1930年,德國醫師費里茲‧利金特(Fritz Lickint)則是其中一位率先發表兩者統計數據相關性的研究人員。[33]阿根廷醫師安傑‧羅夫佛(Angel Roffo)也在大約相同時代首次進行動物實驗,將焦油塗抹在兔子的耳朵上。有張令人感到噁心的圖片顯示,光滑的咖啡色兔耳朵開始長出草莓色的腫瘤。羅夫佛發表了數百篇文章探討吸菸和肺癌間的關係,刊登在德國學術研究期刊。

吸菸影響的早期研究與德國有強烈關係,其實並非巧合。在1930年代,德國是醫學領域發展最好的國家。更重要的是，世上最強烈反對吸菸的政治人物，就是希特勒。他甚至主張，如果他沒有在1919年戒菸，國家社會主義就不會取得勝利。控制人民身體的不能是香菸，而是元首，因此威脅元首的香菸，正如猶太人，必須加以阻止。

1939年，德國醫師利金特發表《香菸與人體機能》（*Tabak und Organismus*）一書，全書總共1200頁，摘要整理了超過7000種香菸影響的研究結果。利金特的著作和其他相關綜合研究分析讓專家學者形成共識。在1940年代初期，大多數德國醫師與官員都同意：吸菸對人體有害。

但是，德國研究並未讓我們知道吸菸會導致肺癌。溫德和同仁發表老鼠實驗結果時，他們被譽為研究先鋒。無獨有偶地，英國流行病學家理察・道爾（Richard Doll）及布萊佛德・希爾（Bradford Hill）於1952年發表的研究，也被視為是一革命性結果。[34]即使時至今日，上述的盎格魯—薩克遜學者依然被視為吸菸影響研究的奠基者。然而，即便他們的研究已經非常進步，德國科學家們的成就也領先他們至少10年。

但第二次世界大戰結束之後，德國研究卻消失在科學領域的視線中。當然也是因為許多德國的科學家並未倖免於難，但更重要的是，世人在心中對德國醫學研究留有不愉快的回憶。

上述故事有何意義？科學發展往往並非直線進行，唯有在努力數年後，發現回到起點，我們才能攜手締造進步。還有另一個格外諷刺的事實：世上最可怕的大屠殺兇手之一，或許曾藉由反菸政策，拯救了數百萬人的性命。

但是，對德國醫學研究的負面印象，並非人類花了許久時間，才發現吸菸和肺癌有關的唯一理由。

● 最邪惡的行銷策略

1970年在美國堪薩斯市一所高中，所有學生都被召集到會議廳，聆聽一位穿著條紋短袖上衣和白色鞋子的年輕男人演講。這位男人代表菸草產業傳遞一個簡單訊息：小孩不應該吸菸。吸菸是大人的行為，就像性愛、酒精和駕車。青少年根本不應該想要吸菸。

這個訊息的立意良善，但此時此刻，孩子心中只想著一件事：吸菸。如果說，有什麼事情容易吸引青少年，那就是「被禁止的事、只有大人才能做的事」。

數年後，當年會議廳中的其中一位學生羅伯特‧普羅克特（Robert Proctor）在《黃金大屠殺》（*Golden Holocaust*）一書中提到當年的回憶。[35] 普羅克特表示，那位年輕講者，其實就是用了鼓勵小孩吸菸的邪惡行銷手法。

自此之後，普羅克特就成為一位歷史學家，並閱讀菸草產業數百萬份機密文件。他發現許多可疑的策略。原來，菸草公司細膩地將目標瞄準兒童。他們被列為「尚未開始吸菸的人」「菸草產業的未來」，或者「替代的吸菸者」，都是用於取代被迫停止吸菸的人（也就是死了）。2000年，菸商菲利普莫里斯國際公司將1300萬份書套送至美國各地學校，讓學生有機會在書封上秀出一塊很酷的滑雪板圖樣，圖樣一旁的文字寫著「謹慎思考，不要吸菸」。菸草品牌不只藉由學校接觸學生，其管道還有父母。父母收到各種傳單，鼓勵他們和小孩談談吸菸所造成的危害。

菸草公司都善於使用琅琅上口的標語（「我願意走1英里的路，只為1包駱駝牌香菸」）、塑造形象鮮明的偶像人物（萬寶路男人）；也率先設置廣告看板，在好萊塢電影中進行置入行銷，並在超市中刺激衝動購物。但是，真正區分菸草產業和其他企業的關鍵，則是掩人耳目的狡猾行銷策略。普羅克特挖掘各種祕密的備忘錄和文件，揭露菸商多年來如何為提高香菸吸引力，例如加入甘草液，讓味道更甜美；或者加入氨，讓消費者更沉迷於尼古丁。[36]

菸草產業還有個最為邪惡的行銷技倆。該產業在1953年的橡木會議室中想出這個技倆，自此以後就誤導數百萬人對吸菸影響的認知。約翰・布嘉德（John W. Burgard）最能說明這個計畫，他是其中一間大型菸草公司的行銷主管，曾在一份機密文件中寫道：「懷疑，就是我們的產品。」

大型菸草公司的目標，不是向消費者證明吸菸是好的，畢竟對吸菸影響的懷疑已經夠多了。自從橡木會議室的會議後，菸草產業研究委員會——後來改組為菸草研究議會——就運用各種力量，讓人民對吸菸效果的科學研究產生混淆認知。1998年，菸草產業和代表美國47州的公訴檢察官達成法律協議，菸草研究議會終於解散了。在此之前的數十年，菸草產業花費數億美元進行醫學研究。

從表面上看來，委員會的研究資助金用於支持「吸菸和健康」的研究，但實際上相關研究的主題幾乎不是如此。「他們真正的目標是採用一種特殊觀點，導致無法找到任何發現。」普羅克特寫道，「因此，他們就能夠主張，雖然已經投入數百萬美元探討『吸菸和健康』的關係，但無法找到任何證據。」普羅克特找到數百份已發表的研究結果，內容都有「需要進行更多研究」的結論，或者正如某家菸草公司的說法：「研究必須繼續進行。」

菸草公司現在不只可主張用極度嚴肅的態度看待科學研究，除此之外資助各所知名學府如史丹佛大學和哈佛大學的研究人員，也有助改善菸草公司形象。同時，菸草公司更組了一支「專家團隊」：一群願意撰寫「對菸草產業友善文章」的科學家團隊，倘若有必要，他們也會出庭作證。

讓我們回到達雷爾‧赫夫。他可能從來不是一位科學家，但身為《別讓統計數字騙了你》的作者，可說是最適合擔任菸草產業專家團隊的成員了。

因此在 1965 年 3 月 22 日，他在美國國會關於菸草廣告和包裝的聽證會中出席作證。

讓你永不變老的圖表

南丁格爾知道如何用圖表說服政府，但圖表也能用於散播懷疑。1979 年，菸草研究所，一座由菸草產業成立的研究所，發表一張顯示不同類型的癌症發展圖表。

科學研究指出，吸菸者人數和癌症病患人數都在逐年增加，而這張圖表的目的，是證明上述情況不一定成立。圖表的內容是口腔癌、咽喉癌、膀胱癌以及食道癌病患的比例。結果看起來很凌亂，根本難以主張癌症人數呈現一致性的增加。但是，這張圖表缺少了什麼？沒錯，就是吸菸最重要的影響因素：肺癌。

不只是菸草產業利用圖表散播懷疑。2015 年 12 月 14 日，美國保守派雜誌《國家評論》（National Review）在推特發文：「這是你唯一需要知道的 #氣候變遷圖表。」[37] 圖表顯示自 1880 年以來的氣溫變化。結果如何？在過去 135 年，平均氣溫幾乎沒有變化。圖中的直線顯示溫度變化非常平坦，就像一個剛過世病患的心電圖。

我的直覺反應認為，這張圖表一定有問題，因為無數資訊都表示氣溫正在提高。[38] 簡言之，《國家評論》必定刻意捏造數據，我沒有其他進一步的解釋了。但真相並非如此，該

1947年至1949年，及1969年至1971年的癌症人數

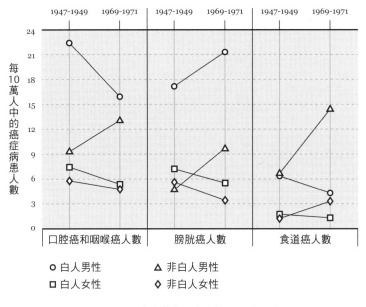

此圖表由菸草研究所於1979年公布

資料來源：Proctor(2011), figure 29

雜誌的數據是正確的，且來自非常可靠的來源：負責美國太空事務的美國航太總署（NASA）。[39]

讓我們再看一次圖表。圖表標題非常明確，X軸和Y軸都有明確說明，也符合學校教導的，所有圖表必須附上資料來源。橫軸（X軸）的年代從1880年延伸至2010年之後，完美地表示了長期的氣候變遷。縱軸（Y軸）看起來也沒有問題，從華氏負10度至華氏110度，也就是攝氏負23度至

1880年至2015年的每年平均華氏溫度

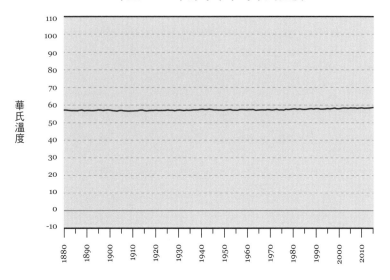

資料來源：*National Review* tweet on 14 December, 2015

攝氏43度。圖表沒有看來令人感到荒謬的氣溫，如地球上有些地區只有寒冷（西伯利亞）或炎熱的溫度（拉斯維加斯）。

　　但是，圖表上的Y軸有問題。Y軸的溫度並非同一地點在同一時期的溫度。Y軸的溫度是全世界的平均溫度，在這個條件下，只要溫度提升小數點後一位，就會是顯著的差異。氣象專家同意，即使是低於攝氏2度內的溫差，就可能會造成嚴峻災難。[40]在這種圖表中，我們根本不可能察覺氣溫變化，因為Y軸的刻度太小了。

　　就像我觀看右頁這張圖表，於是認為自己在過去31年

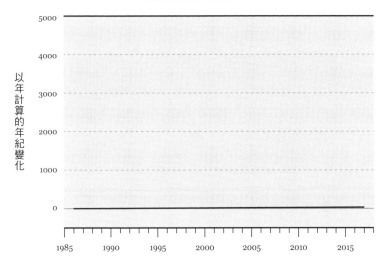

我幾乎沒有變老

（縱軸）以年計算的年紀變化

5000
4000
3000
2000
1000
0

1985　1990　1995　2000　2005　2010　2015

來，從沒有一天變老。

如果修改氣溫變化圖表的Y軸文字，就會看見截然不同的發展（見下頁圖表）。

• 巧合、消失的因素與相反的因果關係

赫夫在國會聽證會雄辯滔滔，就像他的書一樣。[42] 他一個又一個列出對於吸菸研究的反對清單，並提到一個事實：登記數據的方法改變了，所以從表面上看來，罹患肺癌的人

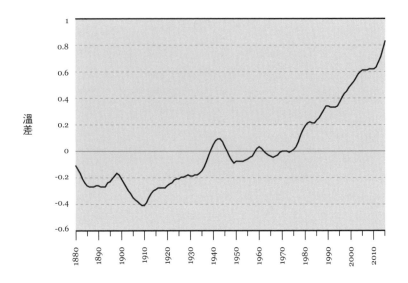

這張圖表顯示從1951年至1980年的年度平均攝氏溫差。[41]
這種測量途徑稱為「溫度俱平」（anomaly），也是氣候科學界測量氣溫變化的標準方法。相較於《國家評論》的圖表，此圖更多不同細節，包括Y軸的刻度與測量單位。如果我只是單純修正Y軸，結論將與《國家評論》的圖表相同。

資料來源：NASA

數明顯增加。樣本沒有代表性，當時採用的樣本人數也太小。更重要的是，從動物實驗得到的數據，不應該在沒有更進一步測驗的情況下，應用至人類。當赫夫主張「老鼠不是人」的時候，他必定想到溫德和研究團隊的權威研究結果，溫德將焦油塗抹在老鼠背上。

　　赫夫提出訴求的方式，就像是在提出最大的反駁：「即使我們不顧以上問題，決定接受吸菸和人體健康之間確實有某種關聯，那我們就會遇到最後的關鍵問題。」吸菸和癌症之間的相關性，是否必定代表兩者之間有因果關係？當然不是，赫夫隨後提出鸛鳥和嬰兒人數的討論。

赫夫引用他曾在書中提到關於相關性的3種謬誤。在稍早的證詞中，赫夫已經主張，吸菸者和非吸菸者罹患癌症的差異，可能有「統計學上的重要性」，但也很有可能只是偶然。當赫夫提到：「如果耶魯大學的畢業生比我們更富有，是因為他們在耶魯讀書，還是因為耶魯通常可吸引來自富裕家庭的學生？」時，他似乎也在主張因果關係可能會產生相反效果。

赫夫不是第一個指出相反因果可能性的人，讓p值變得普及的統計學家羅蘭・費雪早就提出相同主張。1959年，費雪在一本小冊中寫道：「有沒有可能肺癌……是引發病患吸菸的原因？」[43]在檢驗出罹患肺癌之前，費雪猜測病患可能早已患有小型的發炎症狀。正如事情不順心時，人們可能會點菸——火車誤點、會議結果讓人沮喪。說不定人們吸菸的原因，可能只是因為肺部不舒服。「因此，將可憐人手中的香菸奪走，就像奪走盲人手中的白色拐杖。」

但是，費雪終究還是找到另一個更合理的解釋：一個**消失的因素**。他相信基因幾乎可解釋人與人之間的所有差異。費雪思忖，如果你的身體有一種特殊基因，你很有可能就會吸菸。

赫夫並未在國會聽證會中提到基因，但他確實認為吸菸者的身體構造與非吸菸者不同。吸菸者的體重通常較重，喝更多啤酒、威士忌以及咖啡。除此之外，吸菸者結婚的比例更高，在醫院接受治療的頻率更高，並更頻繁地換工作。我們不應隨意選擇其中一種解釋，而忽略其他可能原因。

• 我們何時才能真正從數字知道更多？

真相真的存在嗎？就在我們知道制定標準、資料蒐集錯誤以及誤導和錯誤分析，所造成的各種數字扭曲之後？我們是不是應該漠視致癌數據，然後放心地吞雲吐霧，因為我們根本不清楚，吸菸究竟會對我們造成何種影響？

赫夫和費雪的論述，基於3種相關性謬誤。**就算兩個事物間確實有相關性，但這個相關性並不一定是因果關係。**如果選擇乳房切除手術的女性，她們的生理健康條件不同於並未選擇的女性，為什麼同樣思維無法適用於吸菸者和非吸菸者？我們又該如何確定，關於吸菸和肺癌的關聯性研究沒有「發表偏差」問題——所有找不到相關性的研究都被擱置在抽屜中？此外，費雪用於解釋肥胖矛盾的相反因果關係，是不是真的？

這就是菸草產業極為聰明的操作策略：他們提出的主張在其他脈絡中都是合理的。特定的研究結果當然很有可能只是偶然。即使不是偶然，也有尚未考慮其他因素的可能。費雪主張，只有一種方法可排除其他解釋方法：實驗。但是，他知道醫學界和社會大眾都會主張，如果吸菸確實對人體造成傷害，為了實驗而要求人們吸菸，就是一種不道德的行為。因此，他無法進行人體實驗，只能進行動物實驗。但赫夫就會在此時提出他的觀點：「老鼠，不是人。」

赫夫和費雪因而編織了一張無處可逃的天羅地網。在上述論述中，根本不可能提出合理的結論。菸草產業就是希望吸菸和肺癌的討論，陷入一條無止盡的隧道，我們只能大聲疾呼地要求進行更多研究，卻沒有辦法提出任何結論。

．．．．

這是科學界所面臨的大挑戰：將因果關係棄如廢土很容易，而想證明因果關係的存在，卻難如登天。我們要**如何**知道吸菸導致肺癌？赫夫和費雪的論述確實言之有理，卻唯有在只觀察單一個別的研究結果時才合理。無論單一個案研究規畫得多縝密，都不足以證明某件事實真的存在。縱使在一段特定時間，對一個特定國家，監測一個特定團體，依然可以主張研究結果只是純粹偶然。因此，如果報紙基於一個新的研究結果就表示某件事「已在科學上獲得證實」，絕對是有問題的說法。就如只根據單一民調結論就預測選舉結果，也不會是個好想法。

科學的重點絕不是做出散漫的研究，而是研究結果的累積。赫夫在1965年出席國會聽證會時，科學研究的結果累積已非常可觀。《香菸與人體機能》在1939年發表的研究結果可能早已被人遺忘，但大量研究所累積的證據顯示香菸之危害，絕對不容忽視。

我們已用數個方法，證明吸菸對人體有害。流行病學研究證明，吸菸者更容易罹患肺癌；動物的肌膚如果塗抹焦油，也會長出腫瘤。病理學家發現吸菸在細胞層面造成的傷害；科學研究發現，吸菸吐出的菸霧包含致癌的化學物質。如果上述研究結果還是不夠，那我必須說以上所有研究都曾反覆進行，而每一次都得到相同結論。舉例而言，理察．道爾和布萊佛德．希爾在1952年發表研究結果後，日本、美國、加拿大以及法國的研究人員，都曾數次重新進行相同實驗，而每次的結果都相同：肺癌病患有很高機率，都是吸菸者。[44]

在某些情況中，即使單一研究之結果與證據相反，也不影響研究結論，畢竟多次研究所得出的證據很充分。我們可在氣候研究中看見這個情形。只是一個冬天的氣溫較溫暖，是無法證明地球正在暖化的，但是對珊瑚礁、冰河、二氧化碳排放及氣溫增加的無數研究結論，都足以證明全球暖化現象。[45]正如吸菸的例子，所有研究一再提出相同結論。來自不同背景的研究人員，他們的盲點不同，研究利益也不同，儘管測量、資料蒐集以及分析方法不同，卻都得到相同結論。如果累積的研究所發現之證據如此充分，就應視為「科學共識」。

當然這個共識不代表所有科學家都支持相同的評估，也不是每個研究都會得到相同結論。科學是永遠無法提出完全確定的結論的，因為**科學的核心，就是懷疑**。數世紀以來人類的知識能夠增加，是因為科學家有勇氣質疑當時的教條。哥白尼（Nicolaus Copernicus）有勇氣主張地球繞著太陽轉；愛因斯坦膽敢質疑牛頓；而阿奇·考科藍則有足夠勇氣對抗其他醫師同仁。

但是，菸草產業卻靠著操弄懷疑——科學的核心價值——來追求自身利益。他們不是為了更接近真相，而是竭盡所能讓社會大眾遠離真相。科學家可能幫助了菸草產業，但也是科學家，在1950年代末期就提出結論：我們已經知道了，吸菸確實會致癌。

長久以來，菸草產業持續否認吸菸和肺癌之間有關聯。直到1994年，7家主要菸草品牌的老闆都主張，他們不相信吸菸和肺癌有關。甚至晚至1998年，當時任職菲利普莫里斯的主管都在宣示後作證表示：「我不相信吸菸會致癌。」

然而在菸草產業內部，事情卻不是如此。遠在1953年，老鼠實驗發表的9個月之前，克勞迪·提格（Claude Teague）——他在菸草製造商雷諾斯（R. J. Reynolds）工作——對當時已有的吸菸研究進行全面調查。[46]提格的摘要研究可在法庭上作為證據指控菸草公司，因為該研究結果證明香菸製造商在很早期的階段，就知道吸菸的有害影響。但是，提格的報告直到1990年代後才重見天日，因為——其實也絲毫不令人意外——他的報告不曾問世。

• 販賣懷疑

時至今日，菸草產業依然資助科學研究。2017年，菲利普莫里斯國際公司決定每年資助「無菸世界基金會」（Foundation for a Smoke-Free World）每年8000萬美元的消息，登上新聞版面。世界衛生組織對此做出強烈回應，認為此舉明顯違反利益衝突原則。[47]

在菸草產業之外，懷疑已經成為一個強大工具，用於反對在科學上獲得證實的相關性。科學史家娜歐蜜·歐蕾斯柯斯（Naomi Oreskes）和艾瑞克·康威（Erik Conway）在《販賣懷疑的人》（Merchants of Doubt）書中揭露，對於氣候變遷的否認也採用相同技倆。[48]而在國際乳製品產業中，懷疑乳脂肪是否會對人體產生不良影響的研究計畫卻得到資金資助。[49]

新的產業開始使用相同策略保護自身利益，也是時間早晚問題。在菸草巨頭和石油巨頭之後，或許科技巨頭也會開始出手掩蓋，避免科學調查科技對人類的有害影響；而政治人物可能又會「慎重地看待何謂真相」。畢竟我們也看到高階美國官員若無其事地揮舞「真科學」（sound science）大旗，反對關於氣候變遷的主張。[50]

那麼為什麼赫夫和費雪不知道？為什麼他們持續懷疑關於吸菸和肺癌關聯性的研究？或許，赫夫已經習慣批評科學研究，即使科學研究確實證明了結果，他就是無法承認。又或許，熱愛菸斗的統計學家費雪在批判菸草研究時，選擇了相信自己的直覺。

但是，還有另一個更可能的解釋。費雪的研究同仁大衛・杜伯（David Daube）在費雪死後不久，揭露費雪為何替菸草產業辯護，「為了錢。」[51]

而赫夫，也接受了菸草產業所提供的金錢。菸草產業甚至要求他寫一本書，但最後這本書從未問世，書名是：《別讓吸菸統計數字騙了你》（How to Lie with Smoking Statistics）。[52]

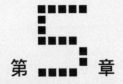

第 **5** 章

不要過度依賴數字

We should not be too fixated on
numbers in the future

請容我向各位介紹珍妮佛。[1]珍妮佛在肯亞首都奈洛比（Nairobi）的商業區，經營一個販賣食物的小攤商。珍妮佛的攤販生意很好，但她卻幾乎沒有錢。她也不能投資自己的事業，所以假如她的健康出問題，就會立刻陷入財務困境。

有個關鍵的問題是，珍妮佛幾乎不可能借到錢。她能夠從小額信貸取得的金額很少，高利貸的利息又太高了。普通的銀行不願意貸款給珍妮佛，因為她沒有任何擔保品。甚者，珍妮佛也缺乏其他國家的完美標準：**信用分數**。[2]

在西方世界，信用分數已是數十年來的常見現象。1956年，工程師比爾·費爾（Bill Fair）及數學家厄爾·艾薩克（Earl Isaac），在美國成立了費爾和艾薩克公司（Fair, Isaac, and Company，FICO，以下簡稱費克公司）。費克公司的經營理念非常單純：只要妥善利用數據，就能更準確評估民眾是否會償還貸款。

在此之前，個人是否可獲得貸款，取決於其他人對自己的評論、自己在貸款會議中的表現，以及銀行對於貸款人可靠程度的直覺。對於許多人而言，傳統方法的結果不甚良好。在老舊的美國信用評比報告中，可以讀到一間特定的酒水商店被評為「低俗的黑鬼商店」或是「與所有猶太人交易時必須謹慎處理」的文字。[3]

費爾和艾薩克提出一個方法，以財務狀況為基礎，而不是背景來評比信用。收入多少？是否準時繳納帳單？已經借貸多少金額？依照此種數據的基礎，他們計算出一個分數，能夠指出個人償還貸款之可能性。

費克公司提出的信用分數，也證明是上帝送給借貸雙方的禮物：數百萬人成功取得貸款，而放款方也賺到更多錢，因為信用分數比放款人本身更能預測誰將成為滯納貸款人。事實證明，**一個計算公式，比人為判斷更能做出良好決策**。

許多其他國家都採用了信用分數的想法。然而，還有數百萬人沒有信用分數，如珍妮佛這樣的人。不過在過去幾年間，珍妮佛終於獲得一種特別的信用分數了，正如雪維尼·席羅娃（Shivani Siroya）在 TED 演講表達的內容。席羅娃是塔拉（Tala）公司執行長，一間使用大數據審核貸款的新創公司。珍妮佛可能沒有自己的信用分數，但她有一部手機，可追蹤關於她的所有數據——她的所在地、傳送訊息的對象以及使用手機的時間等。

有一天，珍妮佛的兒子說服她安裝塔拉公司的應用程式。她使用這個應用程式申請貸款後，幾乎就在一瞬間，她獲得申請許可。2年後，珍妮佛的人生已經改變了。她現在擁有三間攤位，正準備經營一間餐廳。她現在甚至可向銀行申請貸款，因為她已經證明，自己可以把錢管理得很好。

● 當代最危險的觀念之一

珍妮佛的故事可說非常激勵人心。即使這個故事只是塔拉公司的行銷手法，依然透露了現代世界成長最快的趨勢：**大數據**。不過大數據的「大」，從何而來？大數據的定義，通常來自四個 V：**大量**（Volume）、**速度**（Velocity）、**多樣**（Variety）以及**真實**（Veracity）。換言之，大數據就是不同類型的大量數據，以迅速且穩定的方式流通。

現代對於數據的飢渴，與佛蘿倫絲・南丁格爾時代的數據狂熱（也就是第一波的大數據），其中最大差異是現代人擁有網路。數據的使用依然涉及標準化、蒐集以及分析，但拜網路之賜，現代的數據使用彷彿服用了類固醇。我們比以前更加**標準化**——從樓梯臺階數量至滑鼠點擊次數，從臉部辨識系統至噪音汙染。[4] 我們**蒐集的數據**比以前更多——每分鐘，谷歌執行超過 360 萬次的搜尋，YouTube 播放超過 400 萬部影片，而 Instagram 的使用者在平臺上張貼將近 5 萬張照片。[5] 我們也用愈來愈聰明的方法，**分析堆積如山的數據**。

　　隨著數據規模的擴張，我們對於數據功能的期待也增加了。提供珍妮佛貸款的塔拉公司，希望使用大數據，觸及沒有辦法申請貸款的民眾；美國諮商服務公司「危機訊息諮詢專線」（Crisis Text Line）分析用戶的文字訊息數據，辨識可能自殺的民眾；[6]「雨林連結」（Rainforest Connection）組織使用老舊的智慧型手機蒐集數據，對抗非法伐木與盜獵動物。

　　我們對於數據的期待宛如天高。政策制定者、企業執行長以及公共知識分子主張，我們可用大數據解決氣候危機[7]、改革健康保險[8]，並消除飢荒問題。[9]

　　我們甚至能用大數據拯救民主。荷蘭瓦赫寧根大學（Wageningen University）的行政長官路易絲‧費斯柯（Louise Fresco），曾於2016年在《鹿特丹商報》（*NRC*）發表一篇社論，主張如果許多民眾都不去投票，那麼選舉將毫無意義。所以，「我們能不能用人工智慧系統取代民主選舉？」[10]聰明的計算系統讓民主變得多餘，因為我們的偏好早已儲存於數據中——到何處旅行、和誰說話以及閱讀什麼文字。關於人類行為的所有資訊——如果有必要，也可藉由額外調查進行數據的強化——都可用於提煉出我們真正認為重要的事物，並找出我們的政治偏好。

　　費斯柯的思想實驗可能過於古怪，但她其實沒有錯：大數據演算法已經變得更為強大。保險公司使用大數據演算法計算個人應繳納的保費[11]；稅務機構也藉此判斷個人是否有稅金詐欺的行為[12]；美國的法官甚至仰賴大數據演算法，評估犯人是否可提前獲得釋放。[13]我們的命運愈來愈仰賴於大數據。但是，如果我們就此認為可以掉以輕心，讓數據定奪人類生活的決策，其實是非常危險的想法。在這個概念背後藏著一個嚴重的誤解：**數據永遠對應真相**，也就是說，藉由大數據，我們在前幾章探討的問題都會不復存在。

我們必須透過前幾章提出的觀點稜鏡，觀察大數據，而且要快。我們如何在二十一世紀進行數據的標準化、蒐集以及分析？我們為什麼不能在沒有更進一步思考的情況下，將重大的決策交給數據和計算方法？

• 大數據，最客觀嗎？

讓我們從留意遭到忽視的細節開始。我們現在究竟如何使用數據？正如過去的時代發明了平均數和圖表，藉此理解過去曾堆積如山的資訊，更為聰明的現代人提出各種方法，馴化數萬億位元組的數據。這種技術——也就是演算法（演算法〔algorithm〕一詞衍生於西元九世紀的波斯數學家花拉子米〔Muhammed ibn Musa al-Khwarizmi〕，他寫了一本關於代數的書籍）。[14]——決定我們在谷歌搜尋得到的結果、在臉書上看到的貼文、在約會軟體中遇見的對象，與誰能獲得塔拉公司的貸款。

　　事實上，演算法只不過是我們達成特定目標的幾個步驟。在電腦螢幕上，演算法看起來非常枯燥乏味：軟體開發人員在電腦中輸入一行一行的程式語言，藉此設定在特定環境中需要採取的步驟。這種程式語言可能是「若……則」指令，舉例而言，「若某人已經償還貸款，則她的信用分數提高10分。」

　　演算法如何運作？美國數學家凱西‧歐尼爾（Cathy O'Neil）在著作《數學毀滅武器》（*Weapons of Math Destruction*）中，使用一個實際的例子來解釋：替家人下廚。[15] 如果家人（a）吃得夠多，（b）喜歡準備的食物，而且（c）獲得足夠營養，她就會覺得快樂。藉由每天晚上評估這3種因素，她就能理解晚餐的情況，也明白該如何改善晚餐菜色。她的小孩不吃菠菜但喜歡花椰菜的資訊，協助她知道如何讓小孩獲得更健康的飲食。但為了達成目標，她必須注意幾個限制條件。她的先生不喜歡食物加鹽，而她的其中一個兒子不喜歡漢堡（但喜歡雞肉）。除此之外，她的預算、時間以及下廚的心情，都是有限的資源。

　　經過幾年練習之後，歐尼爾已經變得非常善於處理下廚過程。她發展出更緊密的步驟，可替全家人烹飪最佳料理，而且已經有一部分是潛意識的動作。

　　現在，讓我們假設電腦替她執行任務。她如何將晚餐菜色交給機器決定？她可以從思考如何**標準化**目標開始。舉例而言，為判斷家人是否吃到好吃又營養的食物，她可以觀察（a）熱量、（b）滿意度以及（c）每日推薦吃下的營養分量。她也應該思考如何量化各種限制條件，如設定預算上限。

釐清如何標準化後，歐尼爾可以開始蒐集數據。她能夠先擬出一張可能的食譜清單，內容包括烹飪時間、價格以及營養價值。她以每份餐點為單位，依照分量和健康價值估計分數，並請家人從1到10進行評分。

歐尼爾使用數據撰寫了一個程式，可準確說明家人每天應該吃的餐點。但是，歐尼爾也可以設置一個能夠自我學習的程式。只要所有條件都能按照數據計算，電腦就能**分析**餐點和目標之間的相關性。或許，演算法甚至能夠發現連歐尼爾本人都沒有察覺到的模式。舉例而言，如果小孩昨天曾經吃過鬆餅，今天就能吃更多的球芽甘藍。電腦使用機器學習，這是一種人工智慧，藉此學習並未預先設定程式步驟的任務。[16]令人毛骨悚然之處在於，由於程式自我學習的能力，演算法變得如此複雜，沒有人（即便是程式設計師）能理解軟體採取了何種步驟。

簡言之，歐尼爾能夠標準化處理烹飪任務，蒐集數據，讓軟體分析數據。我們曾在何處也看過這種步驟？佛蘿倫絲・南丁格爾、阿奇・考科藍，以及其他人就是採用了完全相同的處理方法。在演算法的例子中，正如我們在前面幾章討論過的內容，三個處理階段都可能出現嚴重錯誤。

1. 測量抽象概念的問題

　　塔拉這類公司的財務部門使用大數據評估一個人的信用程度。以「熱心財務」（ZestFinance）公司為例，這間公司從2009年開始，判斷超過3億人的信用分數。熱心財務公司的創辦人是過去曾任谷歌資訊長的道格拉斯・麥瑞爾（Douglas Merrill），他主張，傳統的信用分數系統受限於「過少的資訊」。[17]費爾和艾薩克在遙遠過去設計的傳統信用分數，使用「少於50個數據點」，只是「任何一個人公開數據的冰山一角」。相對地，為了評估一個人的信用分數，熱心財務公司使用超過3000個變數。[18]

　　在荷蘭，為了測量客戶的付款態度，也有無數公司使用大數據。荷蘭數據交易商「焦點」（Focum）的制度是從1分至11分。[19]如果還沒繳納帳單費用，則失去10分，而總分可能會影響20歐元至2萬歐元的借款金額。信用分數評比公司將分數賣給願意購買的買家，從保險公司至房屋公司；從維登佛電力公司（Vattenfall）到沃達豐（Vodafone）電信公司。不良的信用分數代表一個人可能無法申辦手機，或與電力公司簽約時必須繳納高額保證金。焦點公司宣稱，他們擁有1050萬荷蘭人的數據。對於一個總人口數只有1700萬人的國家，這真的是一個龐大的數據資料。

讀者可能會思忖，這個現象有何問題？畢竟，信用分數也提供了契機，正如來自肯亞的珍妮佛。但是，信用分數對於你我的生活可以產生的影響，遠比我們想像的更大，而且不見得永遠都是正面的。

••••

我們曾在稍早的章節探討，智力測驗分數只是對於某些無形事物的**評估**，例如智力。信用分數也是相同道理。信用分數想要表達一個人在未來償還貸款的可能性，換言之，信用分數其實是**一種預測**。

許多大數據的模型想要預測未來。美國的司法體系也建構了一種系統，計算犯人再度犯罪的可能性。這種計算結果造成嚴重後果：影響了一個人是否可提前出獄的決策。[20]但是，我們在未來將會面對一個局面：某個事物是抽象的，且難以預測。在此種類型的預測背後，統計模型並非永遠完美無瑕，必然會有一定程度的不確定性。如果我們忘了預測只是對個人行為的**評估**，我們對他人的判斷，就是基於不充足的數據。

信用分數還有另一個問題。其應用範圍經常超過個人行為，用於表達其他至少同樣抽象的事物：**可信賴程度**。信用分數不只是評估貸款的指標。美國的約會網站「信用分數約會」（CreditScoreDating.com）——標榜「在這裡，信用分數很性感」——讓人可以尋找與自己信用分數相符的對象。

然而，信用資訊還有更進一步的應用。2012年的一份研究報告以人力資源專業人士為調查對象，發現大約47％左右的雇主會調查求職者的信用歷史。[21]另外一份調查美國家庭信用和債務歷史的研究報告指出，在曾有不良信用紀錄的人之中，七分之一曾經被明確告知，他們之所以無法順利找到工作，是因為過去的不良信用紀錄。[22]

　　上述研究結果雖然都是特殊樣本，無法代表美國的整體人口情況。但是，雇主調查應徵者的背景依然是不爭事實。只要稍微觀察美國線上徵才的趨勢，就能發現雇主要求查核應徵者的信用背景，而且應徵工作的類型非常多元，從販賣煙火至評估保險理賠。[23]

　　雇主不會看到真正的信用分數，而是收到信用報告，內容是回顧一個人過去的借貸行為。雇主使用這個數據，希望評估潛在員工的性格特質，以及判斷應徵者是否會在未來發生詐欺行為。[24]

　　但是，**其實沒有任何證據可證明一個人過去的借貸紀錄，以及一個人在工作時的表現，兩者間確實有相關性**。在非常少數的幾份研究報告中，也無法證明相關性。學者傑瑞米·伯奈斯（Jeremy Berneth）和同仁針對費克公司的個別信用分數和人格特質進行比較。[25]信用分數較高的人在良知測驗中的分數確實比較高；信用分數較低的人，良知測驗分數較低。但在其他性格特質方面，沒有任何顯著差異。

更重要的是，**信用分數和詐欺行為無關**。簡言之，使用一個人的信用歷史，來評估其職場可信任程度是種錯誤行為。美國有11州以充分的理由決定，雇主要求調閱一個人的信用歷史是違法行為。[26]

但是，即使你的信用分數只用於評估貸款，我們也應該保持警戒。因為，蒐集資料的過程，可能產生許多或大或小的錯誤。

2. 大數據的源頭，可能大有問題

大數據可協助我們解決蒐集數據的基礎問題。正如其名，大數據讓樣本大小不再是一個問題。幾乎每個人都會使用網路，除此之外，各種應用程式和裝置——恆溫空調裝置、汽車以及各種消費型電子產品——都會追蹤我們的行為。杜拜、莫斯科以及紐約等城市自稱智慧城市，因為使用新的科技，蒐集市民所有類型的數據，蒐集設備從路燈上的無線網路追蹤器至光纖網路的感應器。

既然我們如今已經在日常生活中開始使用更多科技工具，也就沒有必要像性學專家阿爾弗雷德・金賽在研究中執行個人採訪。現在，我們可以直接觀察人的行為。正如數據學者賽斯・史蒂文斯—大衛多維茲（Seth Stephens-Davidowitz）所說：「谷歌就是數位的真理血清。」[27]

舉例而言，已婚女性在谷歌上搜尋丈夫是否為同性戀的次數，是詢問丈夫是否酗酒的8倍；在印度，「我的丈夫要我給他母奶」是查詢最多次的主題；即使在美國的保守州，如密西西比，雖然調查報告呈現的同性戀人數較少，但在網路上查詢同志性愛影片的次數，依然相對等同於如紐約等進步州。[28]如果有機會使用此種數據蒐集方式，阿爾弗雷德·金賽將宛如置身天堂。

信用分數背後的公司知道，在資訊時代，個人資料隨手可得。他們不需經過正式的繁文縟節，而是能在網路上梳理關於你我的資訊。正如熱心財務的執行長道格拉斯·麥瑞爾所說：「所有數據都是信用數據。」[29]有時候，他們蒐集的資訊屬於公開資訊，例如在商業委員會的登記立案資訊，但在其他時候——通常是在你不清楚的情況下——你已經同意分享自己的資訊。

數據經常來自陰晦不明的角落。2017年10月，《綠色阿姆斯特丹人》（*Grone Amsterdammer*）周刊以及非營利組織「印凡思提柯」（Investico）平臺，發表了由新聞記者卡爾林金·庫傑波斯（Karlijn Kuijpers）、湯馬斯·慕特斯（Thomas Muntz）以及提姆·史托爾（Tim Staal）所共同完成的詳盡調查報告，主題是荷蘭的數據交易商。[30]他們發現，有些單位直接從債務蒐集機構獲得數據。民眾的財務歷史儲存在資料庫，但民眾不知情，因而被列為黑名單——而他們在許久以前早已償還貸款。順帶一提，此種資訊分享是違法行為，如果相關機構想要分享關於你的資訊，就必須通知你。

　　想要知道數據是否按照正確的方式使用，通常是不可能的，因為無法明確知道數據最初被用於何處。上述3位記者在報告中發現，位於荷蘭瓦赫寧恩市的一家房屋公司，拒絕信用分數過低的民眾承租社會住宅，但這家公司「不需知道信用評比公司如何計算民眾的分數」。為進行實驗，3位記者請10位民眾向3家數據調查機構要求查閱自己的數據，他們獲得的數據幾乎毫無價值。但是，3位記者假扮成來自商界的客戶，向同樣的機構購買數據時，則是收到非常詳細的數據調查報告。

　　毫無疑問地，數據經常有誤。美國聯邦交易委員會曾在2012年強調，在他們的調查樣本中，民眾從三大數據調查機構中發現關於自身數據有誤的比例，高達驚人的四分之一。[31]在20人中，就有1人的數據差異極為嚴重，可能導致個人必須為貸款支付更高利息。

　　其他資料庫中也會有相同錯誤。在2009年至2010年間，英國出現17000名懷孕男性。沒錯，懷孕的男性，因為他們的醫療登記編碼與產科流程的編碼混淆了。[32]數據錯誤出現在各種場合：市政機構的個人紀錄資料庫登記錯誤地址、稅捐機構和員工保險機構儲存不正確的收入數據，或者警方的資料庫誤將某人登記為罪犯。因此，**盲目相信數字不是一個好主意**。

有時，錯誤的發生不是出自失誤，而是**惡意**。2017年，美國最大信用評比機構之一伊奎費克斯（Equifax）宣布公司遭駭。將近1億5000萬名客戶——接近美國總人口的一半——資料被偷走了[33]，也就是說，民眾的出生日期、地址以及社會安全碼，現在都會出現在黑市。此種細節資訊非常重要，因為可以使用相關資訊在美國實際完成所有重要交易。你將能用其他人的名義申辦信用卡、填寫退稅表單，甚至買房。當然，該公司提供的相關聲明並未說明哪些人的資訊遭竊。

正如統計學中的一句老箴言：「輸入垃圾，就會得到垃圾。」人類可以創造最聰明的機器學習演算法，但如果輸入的數據有問題，機器也會毫無用武之地。假設未來的數據瑕疵可完全消除，也就是說我們將可以使用到完美數據，如此一來就能將命運交給演算法嗎？

3. 相關性，依然不等於因果關係

傳統的信用分數，如費克公司計算的信用分數，仰賴我們的個人資料：是否曾經借款，借了多少款項，是否即時還款。信用分數的觀念在於，上述因素能夠預測一個人會不會在未來償還債務。

我們有一個理由，可以認為上述觀念是錯誤的。債務經常是因為高額的醫療支出或失業引起。有些人能夠利用存款承擔風險，但不是每個人都擁有足夠資本。因此，信用分數不只是評估一個人可信賴程度的指標，也代表**純粹的幸運程度**。[34]

以計算大數據為基礎的信用分數，則是更進一步。讓我們回到珍妮佛和她的小攤販。塔拉公司如何決定珍妮佛可獲得貸款？珍妮佛必須藉由應用程式，同意公司存取手機內部的資訊，而手機是一座等待分析的**數據金礦**。珍妮佛的所在位置紀錄表明，她經常移動，但非常規律。她如果不在家，就是在攤販工作。她的通聯紀錄也顯示，她經常與烏干達的家人聯絡。除此之外，她的通話對象超過89人。

根據塔拉公司的演算法，上述所有因素都提高珍妮佛償還貸款的機率。舉例而言，她經常與親愛家人聯絡的事實，提高了4％的還款機率；固定的日常生活規律，以及超過58名聯絡人，可能也是正面指標。

珍妮佛的例子，顯示大數據信用分數，與傳統信用分數的差異。演算法不只是觀察你的過去行為，也觀察**和你相似者**的過去行為。在數據資料和預測中，演算法尋找聯結──也就是相關性。歡迎所有數字，只要數字能夠正確預測。

即使是填寫在申請表上的文字，也可以吐露真相。熱心財務公司的道格拉斯・麥瑞爾曾在2013年主張，使用全大寫英文（或只用小寫）填寫申請單，可能代表不良的還款行為。[35]

消費習慣也可透露一個人是否會償還貸款。2008年，美國運通公司決定撤銷某些美國店家的信用卡服務。[36] 該公司表示，「因為其他客戶曾在特定店家使用美國運通卡消費之後，發生不良還款紀錄」。美國運通公司後來否認他們將特定店家列入黑名單，但承認為了監控信用程度，使用「數百個數據點」。

社群媒體是另一座數據金礦。2015年，臉書申請了一項專利，內容是使用我們的社群網路計算信用分數。[37] 這背後的思維是什麼？如果你的朋友信用紀錄不良，那麼你可能也不值得信任，不應該獲得貸款。尼歐財務公司（NEO Finance）早已使用領英公司的數據，查核一個人的履歷是否真實，藉此評估一個人的「性格和能力」。[38]

過去曾有一段時間，銀行的決策受到偏見影響，例如種族、性別以及階級。費克公司的信用分數應該能終結此現象。但是，即使有了大數據信用分數，我們似乎依然重蹈覆轍；我們判斷一個人的基礎，其實是他或她的團體特性。

只是現在用於判斷的團體屬性，改為「使用大寫英文字母的人」「喜歡議價的人」，以及「沒有朋友的人」。看穿了事物的表面之後，我們會發現過去和現在毫無差別。使用大寫文字，可能與教育程度有關。在領英網站上擁有聯絡人，代表有工作。常購物的地點，則大幅透露一個人的收入程度。因此，演算法的區分方式和過去的銀行一模一樣：貧富、是否有工作，教育程度高或低。

統計學家將此種屬性稱為相關性；其他人則說，這是**偏見**。

擁有大數據之後，我們處理相關性和因果關係的情況如何？根據《連線》（*Wired*）雜誌前總編輯克里斯・安德森（Chris Anderson）的意見，我們其實不需要擔心。2008年，安德森在知名文章〈理論的終結〉（The End of Theory）[39]中寫道，特定的關係解釋不重要。「谷歌的建立哲學認為，我們其實不知道某個網頁比另一個網頁更好：但如果統計學……認為如此，就是充分的理由。」正如我們在鸛鳥和嬰兒的例子中所見，事實上相關性不等同於因果關係，但安德森認為這個觀念已經不重要了。「拍位元組（Petabytes）讓我們可以主張：『相關性就夠了。』」

安德森的想法非常天真。在大數據的年代，相關性依然不夠。以谷歌在2008年大張旗鼓啟動的演算法：「谷歌流行性感冒趨勢」為例。[40]谷歌承諾，藉由使用搜尋引擎，這個演算法就可預測在什麼時間、什麼地點以及多少人罹患流行性感冒。這個演算法背後的概念認為，如果民眾生病了，就會上網搜尋病徵。

谷歌的承諾很偉大。於是，谷歌執行長艾瑞克・史密特（Eric Schmidt）主張他們1年可拯救數萬人的性命。[41]起初，史密特的主張看似正確，在2至3年期間，谷歌演算法的模型非常準確地預測流行性感冒發生的時間和地點。但在隨後幾年，演算法每次都預測錯誤；2013年的表現更是跌落谷底，演算法預測罹患流行性感冒的人數是實際人數的2倍。[42]

究竟哪裡出問題？演算法的創造者選出45個搜尋關鍵字——從5000萬個關鍵字中選出——而這些關鍵字，與流行性感冒的爆發有最強烈的相關性。隨後，谷歌開始追蹤關鍵字的搜尋紀錄。這個方法聽起來符合邏輯，但正如較小樣本數的例子，雷根糖的問題藏於其中；如果觀察的時間夠久，一定能夠找到相關性。

更糟糕的是，大數據讓這個問題愈加嚴重，因為變數愈多，就會找到愈多有顯著相關的變數，一切都只是單純的偶然。舉例而言，研究人員發現關鍵字「高中籃球」和「流行性感冒傳播」有強烈相關性[43]，於是他們從演算法模型中手動移除此種非常可疑的相關性。但是，這種決策很艱難，因為要如何決定哪些因素之間的相關性只是巧合？搜尋關鍵字「手帕」與流行性感冒之間的相關性只是巧合，或者確實能夠表明流行性感冒的發生？

演算法的另一個問題，是設計者忽略了程式開發的問題，如谷歌搜尋引擎本身的設計改變。舉例而言，從2012年開始，如果使用者尋找「咳嗽」或「發燒」，谷歌網站就會提供可能的診斷結果，而其中一個診斷結果是什麼？流行性感冒。因為這個結果，導致民眾開始搜尋關於流行性感冒的資訊，於是谷歌流行性感冒趨勢的演算法，也因此過度高估流行性感冒的暴發程度。

我們稍早曾討論信用評比機構也會提出預測，就像谷歌流行性感冒趨勢演算法。虛假的相關性藏在預測中，而重要的程式發展可能會從中破壞。舉例而言，如果每個人都知道，必須在申請貸款的表單中輸入特定詞彙，民眾就可操弄系統，讓相關性預測變得毫無意義。

但是，假設我們在未來不必擔心程式發展和操弄系統等問題，也就是說我們找到方法察覺虛假的相關性，並即時監測程式發展的改變。但依然有個問題無法解決：我們使用評估分數的方法，影響了分數的表現。

• 用來捕捉現實的數據，最後成為現實

> 我不投資自己，是因為你不聘請我。
> 因為你不投資自己，所以我不會聘請你。

2003 年，美國維吉尼亞州發生了上述情事。[44] 在雇主和求職者之間，可能是一種激烈的協商攻防。或許求職者只是因為本身膚色而遭到拒絕；又或許，雇主只是隨意看了一眼求職者的履歷，就認為此人的教育程度不夠。

但上述的申請人膚色不是黑色，而是紫色；對話的兩位

主角也不是真正的求職者和召募員工，而是學生，他們正參加由哈佛大學經濟學教授羅蘭德·費爾（Roland Fryer）和同仁一起主持的實驗。費爾教授的研究證明，**如果只注意數字，一個原本平等的世界，可以迅速被扭曲。**

在實驗中，學生被隨機分配擔任「雇主」「綠色求職者」以及「紫色求職者」角色。在每一輪的實驗中，求職者必須決定他們是否要投資自己的教育程度。

一方面，「投資教育」有個問題：學生參與實驗可以獲得金錢獎勵，但他們必須付錢才能「投資教育」。在另一方面，如果他們決定投資教育，他們在「測驗」中獲得好成績的機率較高（測驗內容包含一種權重計算，如果學生決定投資教育，他們在權重計算中獲得好結果的機率較高），學生贏得額外現金獎勵的機會也會更高。雇主傾向聘請擁有良好分數的求職者，因為教育程度較高的員工可替他們賺到更多獎勵。但是，雇主只能看到測驗分數，他們無法百分之百確定求職者是否實際在投資教育程度上。這個實驗設計非常趨近現實；雇主永遠無法明確知道求職者是否合格，但他們可根據各種不完美的標準進行評估，如測驗分數。

在第一輪實驗中，紫色求職者投資教育的金錢較少，但差異不大。這個結果與顏色無關，因為顏色是純粹的隨機分配。到了第二輪，雇主可以查看統計數字，於是雇主認為，不要聘請紫色的員工，將對自身更有利。而紫色求職者在看見綠色求職者更容易獲得聘雇後，決定減少投資，因為投資教育似乎無法提高獲得工作的機率。

這個實驗令人好奇之處在於，每個人都是依照理性行為決策。根據數據進行判斷似乎是最好的策略，但是在總計20輪的實驗中，卻出現一個惡性循環，導致一個極度不平等的世界成形。「結果讓我很驚訝，而參加實驗的孩子們很生氣。」費爾告訴英國知名記者提姆·哈福特（Tim Harford），而哈福特在著作《生活的邏輯》（*Logic of Life*）中探討此次實驗。「一開始的不對稱性來自純粹的機率，但人們抓住這種不對稱性，並且不願放手。」

．．．．

顯然地，現實世界比幻想的實驗更複雜。但實驗可以傳達一個強烈訊息：**數據同時是塑造世界模樣的起因和結果。**數字確實是反應現實的被動指標，但事實依然不會改變：**數字塑造了現實。**數字愈是能夠統治我們的世界，正如大數據對於現代世界的影響，數據就愈是可以改變世界。

以「預測執法」（predictive policing）為例，警方希望藉此發現可能的罪犯。美國的數據顯示，貧窮的黑人青年和犯罪行為之間有強烈的相關性。依照此種演算法的結果為基礎，警方著重於符合描述的社區和個人。此種演算法會導致何種結果？「種族剖繪」（racial profiling，意指以種族為基礎，假定某個人的行為必然符合種族的刻板印象），並導致許多無辜民眾遭到逮捕。警方逮捕更多符合特定描述的民眾，而遭逮捕的人也更容易造成統計數據增加。於是，警方將忽略富有的白人罪犯，因為他們不屬於執法的重點範圍。於是，隨後累積的統計數據，就會呈現膚色和犯罪行為之間的關聯——甚至催生更強烈的相關性。

預測執法的風險和信用分數相同。具備特定性格的人，發現自己比其他人更難獲得貸款，於是他們更迅速跌入貧窮狀態，於是更難獲得貸款，於是變得更貧窮……諸如此類並以此類推。演算法，已經變成「自我實現的預言」。

原本應該用於捕捉現實世界模樣的數據，已經**取代**現實世界。

• 你想用數據達成何種目標？

2014年時，中國政府宣布將從2020年，開始在全國使用「社會信用分數制度」（social credit system）。根據中國領導階層的想法，他們認為社會信用分數制度是「建立一個和諧社會主義社會」的必須措施。[45]這個分數制度可讓「值得信賴的人宛如置身天堂般自由行走，而信用不良的人將寸步難行」。在過去幾年，我們已經能夠稍微觀察中國的社會信用分數制度，因為中國中央銀行在2015年時，選出8家公司進行相關試驗。[46]

其中一家公司就是螞蟻金融服務公司（Ant Financial），是線上支付平台支付寶（Alipay）的母公司。支付寶是網路商店阿里巴巴使用的支付應用程式，在中國估計有多達5億用戶[47]，且提供幾乎所有服務：支付商店金額、購買火車票、訂購食物、叫計程車、借錢、處理帳單、支付罰鍰以及交友。這彷彿是銀行應用程式結合了亞馬遜商店、臉書、優步以及牡蠣卡（Oyster card，英國大倫敦地區使用的電子收費系統）。自從中央銀行頒發命令之後，支付寶也增加一項新服務：芝麻信用，讓個人獲得各種益處的分數系統。

　　芝麻信用系統的參與者，會得到介於350分至950分之間的分數。[48]如果分數高於600分，就會在阿里巴巴網路商店獲得大約600歐元的信用額度；倘若分數高於650分，在使用計程車服務的時候，可不必繳納預付金；如果是700分以上，則更容易申請到信用卡。更高的分數，也會幫個人提升名譽，不僅可以在社群網站上炫耀，還能在約會網站獲得青睞。芝麻信用，正如其名，能夠芝麻開門。

　　你如何增加自己的芝麻分數？準時繳納帳單、不能遲交房租，並清償貸款。填寫個人細節資料——地址、職業，各種資格證照——就會獲得更高分數。藉由應用程式購買的商品會有何種影響？螞蟻金融服務公司的科技長接受《連線》雜誌採訪時表示，購買太多遊戲不利於累積芝麻信用分數，但購買酒精飲料則是加分。螞蟻金融後來否認這種說法，但依然引發我們思考。如果我們理解支付寶應用程式可蒐集的數據資訊，社會信用分數制度其實擁有無限可能性。

除此之外，芝麻信用分數也取用其他來源的數據。如果曾經在考試中作弊，那悲劇將會降臨在你身上。2015年，芝麻信用的總經理表示，她希望製作一張曾在國家考試中作弊的學生清單，懲罰他們的「不誠實行為」。螞蟻金融服務公司也使用中國政府的黑名單，其中包含數百萬未繳納法院罰鍰的民眾，就是為了調低滯納者的信用分數。

••••

大數據令人生畏。大數據的規模前所未有，而演算法是如此複雜，甚至連演算法本身的開發者都無法完全理解。但是，大數據最終的問題和小規模數據相同：**你想用數據達成何種目標？**中國或許能夠明確表達社會信用分數的目標——建立一個和諧的社會主義社會——但是我們必須知道，**每個演算法背後都藏著道德選擇。**

所有演算法都想找到特定事物的完美處理方式。舉例而言，YouTube希望我們盡可能觀看影片，因為廣告可帶來金錢收益，[49]但影片內容是否屬實並不重要。吉勇·切斯洛特（Guillaume Chaslot）曾經是谷歌工程師，後來創辦「演算法透明網站」（AlgoTransparency）。他深入探索YouTube的演算法之後，發現YouTube平臺推薦觀看「地平說」的影片，或主張蜜雪兒·歐巴馬是男性的影片。「在YouTube，虛構已經超越了現實。」切斯洛特接受《衛報》採訪時表示。

　　警方使用預測執法演算法時，也希望完美達成某個目標：民眾的安全。但是，這個目標與另一個目標卻產生衝突：正義。無辜民眾遭到逮捕是合理的嗎？答案取決於你希望達成何種目標。

　　信用分數的議題也一樣。在本章稍早的篇幅中，我們看見美國聯邦交易委員會的結論指出，在20份信用報告中，就有份報告的內容出現了嚴重的錯誤。消費者數據產業協會（The Consumer Data Industry Association，CDIA）是信用評比機構成立的專業協會，該協會將美國聯邦交易委員會所提出的報告，認定為是對於信用評比的肯定，代表95％的消費者資料沒有錯誤。[50]

　　那麼，5％的錯誤機率，是高還是低？這取決於我們希望用分數達到何種目標。貸款機構的放款人只是從事商業行為，目標是創造利潤。從他們的角度而言，95％的正確率非常完美，值得尊敬。他們並不在乎95％的正確率是否公平，因為貸款人不是客戶，只是產品。

• 記分板社會

　　我們必須保持警戒。雖然社會信用分數制度看起來只是威權政體的粗暴政策，但是在英國或其他國家，我們依然受到大規模的評分。科技記者馬瑞提斯・馬丁金（Maurits Martijn）和迪米崔・托克梅特齊斯（Dimitri Tokmetzis）曾說：「我們活在『記分板社會』。」[51]

信用分數的評估者想計算我們能不能處理自己的金錢；保險公司想知道我們能不能保持健康；稅務機構想知道我們會不會詐欺；警方想知道我們會不會違法。他們的計算結果每次都會影響我們的生活：你的貸款申請被拒絕；你收到稅金繳納信；你遭到逮捕；你必須支付更高額的保費。在社會中最容易受傷的人，通常都會受到最大程度的傷害。

大數據可以讓世界變得更好，例如住在奈洛比的珍妮佛，貸款能夠改善她的生活。但是，同樣的演算法可以幫助珍妮佛，也有能力維持長達數世紀的不平等，並導致新的不平等。

因此，關鍵不是演算法本身究竟是「好」或「壞」，而是我們使用演算法的方式。所以，探討演算法究竟追求何種目標非常重要。我們的目標是找到真相，還是創造利潤？優先追求民眾安全，還是保持自由？正義，還是效率？這些主題是道德難題，不是統計問題。

演算法永遠不是客觀的，無論數據何其可靠，無論人工智慧有何進展。如果我們忘了這個前提，就會將道德決策交給擁有電腦技能的人物。我們給了他們在設計程式時，決定什麼是好，什麼是不好的權力。

第 **6** 章

我們的心理，
決定數字的價值

Our psychology decides the value
of numbers

數字
偏見

「超過1杯酒，就是過量。」2018年4月，我在荷蘭公共電視臺的網站看見這個新聞標題一閃而過。[1]這篇報導指出，1天喝超過1杯酒，就會增加早年死亡的機率。[2]

報導提到有篇研究在知名醫學期刊《刺胳針》（*The Lancet*）上發表，內容分析83份研究報告，累積的研究個案數量總計大約為60萬人。[3]文章讓人印象深刻，但我思忖，相關性並不是因果關係。

維尼・普拉薩德（Vinay Prasad）也發現了同一篇文章。普拉薩德是位美國醫師和學者，他精通證據基礎醫學的種種一切。他深入探討《刺胳針》的研究後，在推特上直言：「一群科學家團隊證明人類渴望獲得狗屁不通的科學，我們已經無法阻止這種醫學新聞散布了。」[4]

隨後，普拉薩德在超過30則推特發文中，仔細說明他的主張。他提到我們曾在前幾章探討過的發表偏差，也主張

《刺胳針》的研究監測酒精飲品使用的時間非常短。飲用啤酒的人確實出現較高死亡風險，但紅酒飲用者的死亡風險卻最小。普拉薩德推測，真正的致死原因不是酒精飲品，而是啤酒飲用者因為低收入而造成的不健康生活。

於是，我的結論認為，喝1杯酒或2杯酒，根本沒有問題。

• 為什麼數字一直出錯？

我剛開始以數據編輯身分在線上新聞平臺《通訊員》撰寫文章時，以為自己找到數字濫用難題的解答：**擁有更多的知識**。根據經濟發展暨合作組織的資料，在已開發國家中，四分之一成年人只有最低標準或更糟糕的計算能力——而且難以詮釋統計數字或圖表。[5] 經濟發展暨合作組織在2012年提出一個結論，認為數學焦慮是嚴重的現象，在15歲的人當中，大約30%都有相關問題。[6]

如果新的數字使用者都能知道數字運作的方式，我心想，每個人都會自動發現數字的錯誤應用。於是，我開始撰寫關於錯誤民調、邊際誤差以及相關性和因果關係的文章。每一次，我都想解釋如何發現此類型的錯誤，藉此預防往後的誤解。

將更多更好的知識視為終極解決方法，似乎是合乎邏輯的想法。氣候科學家發表氣溫圖表、新聞記者查核政治主張的事實、政治人物在爭論中提出經濟數字——都是想用更多資訊來對抗錯誤。

　　但是，隨著我撰寫數字濫用文章報導的時間愈久，愈懷疑知識是不是唯一答案。我擠身在眾多想提醒民眾注意這個議題的作家之中，但情況似乎毫無改變。60多年前，達雷爾·赫夫已在《別讓統計數字騙了你》中描述數字的主要陷阱。這本書曾經是暢銷書，但如今依然有相同的數字錯誤。每個新世代都會出現關於智商和膚色的討論；沒有代表性的民調還是獲得過多的重視；混淆相關性和因果關係的健康新聞，幾乎每天都會出現。

　　只要提出少數幾個問題，通常就能輕易找到錯誤。數據如何標準化？數據如何蒐集？兩者間是否有因果關係？我已經在前面幾章詳細討論以上問題，也在本書結尾再度提出。

　　但是，關於數字的錯誤結論，依然穿梭在科學家、新聞記者、政治人物以及報章讀者中。有一次，我在演講後發現50％的參與者並未將我的表現評比為「優良」，我真希望地上剛好出現一個大洞將我吞蝕。但是，我忘了考慮填寫問卷的人數只有2人。[7] 我曾讀到一篇報導指出，女性程式設計師的價值遭到貶低，比不上男性同仁，我感到非常憤怒。事後，我才發現媒體錯誤地詮釋了研究資料；事實上，程式設計界並非媒體所報導般地歧視女性。[8]

　　我經常犯下自己在文章中大幅探討過的錯誤。撰寫本書時，我終於開始明白其中原因。探討數字時，關鍵的議題不只是思維錯誤，我原以為這是主因，但**直覺**也是另一個因素。本書提到的數字案例，研究人員都受到——無論有意識或無意識——**偏見**和**信仰**的影響。

身為數字的消費者，我們也有同樣的傾向。

• 錯誤答案，卻讓我們感覺良好

耶魯大學教授丹·卡漢（Dan Kahan）多年來都在調查文化、價值以及信仰如何影響一個人的思維。在其中一次實驗，卡漢和同仁讓實驗參與者觀看一張虛構的護膚霜試驗結果圖表。[9]圖表的數據顯示其中一組受試者的皮疹增加，另一組受試者的皮疹減少。卡漢詢問實驗的參與者，護膚霜究竟增加了皮疹，還是減少？

為找到答案，研究的參與者必須根據圖表提供的數字，進行艱困的計算。能夠在數學計算階段獲得較好成績的參與者，比較容易提出正確答案。直到這個階段，卡漢的實驗符合我們的推測：如果對於數字的理解更好，可以更接近真相。

然而，卡漢的實驗還有另一個測試主題。同樣的參與者，收到同樣一張數據圖表，但這次的主題是美國政界和媒體的爭論議題：槍枝管制。圖表內容用更嚴格的法律政策，提出一個虛構的實驗結果。這次的問題是：新政策導致犯罪率上升或下降？

　　相較於護膚霜實驗，槍枝管制實驗的參與者提出的答案有著天壤之別。數學能力優秀的參與者提出的答案，比之前更糟糕。槍枝管制與護膚霜實驗的圖表數字完全相同，但參與者如今卻提出錯誤的答案。

　　我們該如何解釋卡漢的實驗結果？答案是**意識形態**。[10]無論實際的圖表數字為何，支持民主黨的參與者，認為自己屬於自由派，通常支持槍枝管制，也傾向認為嚴格的立法可降低犯罪率。而保守派的共和黨支持者，則是呈現完全相反的情況，他們認為嚴格的法律措施根本沒有效果。

　　卡漢主張，答案已經與真相無關。答案只是用於保護自己的認同，或者自己對特定「部族」的歸屬感。卡漢也發現，**數學能力更好的參與者，更容易出現此種現象**，這通常都是潛意識造成的結果。他們的心靈，悄悄地改變了他們的想法。

　　卡漢經常看見上述實驗的結果：如果一個人知道更多事實，或具備更多技巧，代表他們有更多方法去欺騙自己。[11]我們的頭腦就像一位律師，努力找出各種辯護方式，不惜一切代價捍衛自己的信念。

　　這個現象甚至代表，你可以上一秒相信一個理念，下一秒轉換成相信另一個理念。舉例而言，美國保守派農夫否認氣候變遷，但他們使用各種方法去保護自己的農業事業不受到氣候變遷的影響。[12]他們的行為看似不理性，但事實並非如此。卡漢解釋道:「如果你改變信念,就要承擔許多風險。倘若農夫突然相信氣候變遷,可能會遭到家人、教會友人以及棒球隊朋友的冷落。如果他冒險改變信念,將是一無所獲。他無法獨自改變氣候。於是,真理只能等一等了。」

每個人都容易受到此類型的心理壓力影響,包括卡漢本人。2014年,卡漢接受記者伊澤瑞・克萊(Ezra Klein)採訪時提到,他總是假設自己也會做出在研究中所觀察到的偏誤。[13]而且,卡漢也會想保護他對於「事實」的認同。簡言之,對於數字的良好詮釋,重點不只是我們知道的事實,還有我們的心靈。因此,處理數字時,我們應如何注意到自身的偏見?以下提出3種方法。

1. 留意自己的感覺

在卡漢的研究中,許多心理過程並未發生影響。對於護膚霜的研究數字,大多數人都是保持中性態度。但是,對**有特別感受**的數字,就容易受到偏見影響。種族歧視、性以及上癮物品——本書在前面的章節選擇此類型的議題,其實是有理由的。這些議題和你的身分認同、「部族」認同,有緊密關係。

你應該消除自己的感覺嗎?不可能的;你確實會有感覺,無論喜歡與否。有感覺是好事,如果沒有恐懼,我們就會盲目陷入危險情境;沒有憤怒,我們不能起身對抗不義;

沒有喜悅，生命就會失去靈魂。感覺，就是人的一部分。

因此，當我們看見數字時，應該稍微保持一點距離，然後捫心自問：「我有什麼感覺？」舉例而言，我看見稍早提到的酒精飲品研究時，我感到很憤怒。特別是因為，我後來看見新聞標題寫著：「1天多喝1杯酒精飲料，將會縮短30分鐘的壽命。」[14]這標題根本是單純的胡扯。我的憤怒，符合我的專業「部族」——我是數字的懷疑論者——同時也攸關我的個人生活。我和朋友見面，總會小酌幾杯紅酒或啤酒，這是我們的社交生活，難道我們不該喝酒放鬆一下嗎？我當然不願意。當我看見維尼．普拉薩德的推特發文時，覺得很高興，內心頓時鬆了一口氣，我可以繼續喝酒了。

但是，我還是忽略了一個重要因素。知道喝酒沒問題的結論後，我發現自己特別高興，於是我再看一次普拉薩德的推特文。我發現，普拉薩德從來沒有提到喝酒對人體沒有任何傷害，他只是表明媒體報導的研究，是有瑕疵的。

正如卡漢的研究所示，我立刻選擇了一種符合自身「部族」認同的詮釋方式。這種詮釋方式不見得是正確的，但讓我**覺得**是對的。我非常擅長此種詮釋，因為我的職業，我熟悉所有反對健康新聞的論述。我的大腦，也像個律師。

2. 再按一次滑鼠，多看一篇文章！

2017年初，丹．卡漢和同仁發表一個新的研究結果。[15]

為完成一個關於科學紀錄片的計畫，卡漢等人邀請大約5000位民眾評估自己的「科學好奇心」。[16]受訪者有多常閱讀科學相關書籍？他們對何種主題有興趣？他們喜歡閱讀關於科學的文章，還是關於運動的文章？

卡漢也詢問受訪者幾個關於政治立場和氣候變遷的問題。「你認為全球暖化對人類健康、安全或繁榮，造成何種程度的危險？」就是其中一個問題。就像過去的實驗內容，卡漢也採用一種數學計算方法，如今，他想測量「科學智商」（science intelligence）──科學智商應該能夠協助我們詮釋關於氣候變遷的資訊。

卡漢再度得到過去那次實驗的結果：比起保守派的共和黨支持者，自由派的民主黨支持者認為氣候變遷的危害更加嚴重。而且如果受訪者愈「聰明」，兩個團體間的差異就愈明顯。

但是，如果卡漢的分類方式不是根據智力，而是根據科學好奇心，又會如何？卡漢從實驗得到的數據資料中發現，智力不等於科學好奇心。某個人可能對科學有好奇心，但不見得非常善於理解科學──反之亦然。卡漢觀察好奇心和受訪者認知的氣候變遷風險時，發現了非常有趣的結果：民主黨的支持者和共和黨的支持者可能有不同的政治信念，但是受訪者的好奇心程度愈高，對於地球暖化的風險認知程度就愈高，且與受訪者的政治信念無關。

為什麼好奇心會有影響？在隨後的實驗中，卡漢讓受訪者閱讀兩篇關於氣候變遷的文章；第一篇文章認同關於氣候變遷的擔憂，第二篇文章則採取懷疑立場。其中一篇文章的標題，使用看起來很詫異的措辭方式：〈科學家提出令人驚訝的證據：南極冰山的融化速度超過預期〉。另一篇文章的標題措辭方式就像報導了無新意的消息：〈科學家依然發現更多關於過去10年全球緩慢暖化的證據〉。卡漢提問：「你想閱讀哪一篇文章？」他就是在此，發現了好奇心的力量。具備科學好奇心的人，他們選擇文章標題的標準不是自身的信念，而是標題有沒有挑戰性。對此類型的受試者而言，好奇心比意識形態更強烈。

····

　　卡漢的實驗很有教育意義。**如果我們看見一個數字，不要停止思考並且完全接受，應該繼續思考然後探索**。尋找各種資料——無論查詢網路資料或實體資料——理解其他人用不同角度觀察數字的想法。不要只是閱讀符合你原本思維的文章，而是尋找可能讓自己不自在、憤怒或者絕望的資訊。正如提姆·哈福特所說：「再點一次滑鼠，多看一篇文章！」[17]

　　我決定試驗哈福特的想法，開始尋找更多關於酒精飲品如何影響人類健康的資訊。從谷歌搜尋後，我看見各式各樣的研究指出，酒精飲品和罹患癌症之間有因果關係。舉例而言，有個實驗讓狒狒飲用酒精飲品後罹患肝癌[18]；另一份綜合研究分析指出，飲用酒精飲料和乳癌間也有線性相關。[19]

我開始愈來愈清楚，其實專家學者長久以來都主張飲酒對人體健康有不良影響。自從2015年開始，荷蘭健康議會建議1天的飲酒量不要超過1杯，確實有很正當的理由。[20]

3. 接受不確定性

卡漢對人類科學好奇心的研究依然在早期階段。他必須反覆進行實驗，即使多次實驗都有一樣的結果，新的研究依然可能推翻卡漢的結論。

我們在新聞媒體看見的數字也一樣。數字可能來自周密、且經過同儕審查的研究，但是，數字依然是早期的結果，還需要更多研究證明。我們應該忽略尚未達成結論的數據嗎？不，正如卡漢的研究，數字可讓我們對世界有了更好的理解。然而，我們還是應該採取保留態度。請記住，或許就在幾年時間內，其他人會找到不同的結論。

關於酒精飲品的研究，比卡漢的研究更為進步。如果開始調查，並在谷歌搜尋「綜合研究」（meta-study，研究各種研究結果的研究），很快就會發現許多關於酒精飲品的研究都提出相同結論。乳癌和飲酒之間的因果關係已獲得證實。酒精飲品的研究者提出相同結論，正如科學家檢驗堆積如山的吸菸影響報告。但是，即使關於酒精飲品的研究永遠無法提出一決定性的結論，也終究符合科學的本質。有些研究認為，適當攝取酒精甚至可對抗特定疾病。甚者，在酒精飲品的研究中，我們可能永遠無法區分相關性和因果關係，因為動物實驗不是人體實驗，且直到酒精飲品傷害身體之前，我們不知道飲用多少酒精飲品會有害健康。

···

事實證明，我們的內心也無法妥善面對不確定性。信念堅強的人可以統治談話節目、政治爭論以及新聞專欄版面，確實有其原因。「我很確定，讓我告訴你，這個世界運作的方式。」每位信念堅強的人，都會如此表達自己的意見。

但是，**總是懷抱確定態度的人，就是明確缺乏好奇心**。如果總是用盡全力只為堅持自己的信念，那麼將永遠無法接受新的資訊。如果我們希望妥善使用數字——以及普遍的資訊——我們必須欣然接納不確定性。稍早，我曾指出一個重點：數字是觀察現實的窗戶，但數字能提供的視野，就像從毛玻璃觀察世界。在最好的情況下，**數字只能呈現大致的輪廓**。

別讓自己陷入停滯。到了某個階段，我們必須做出選擇。儘管面對不確定性，依然要決定自己的想法。舉例而言，你想減少飲酒嗎？數字無法替你回答這個問題。數字似乎是個理想藉口，讓我們停止思考，但數字無法提供迅速又簡單的答案。在最理想的情況下，數字可協助我們探索知識的領域。

　　生命中的不確定，不只是數字，還有許多數字無法捕捉的因素。對我而言，飲酒有多重要？我應該讓自己的健康承受何種風險？普遍而言，我的健康程度如何？你我都必須自己找到答案。

　　簡言之，請注意你自己的感覺，探索各種可找到的資訊，並接受不確定性，最後做出自己的決定。

● 最後的提示：注意利益衝突

　　2018年6月，另一份研究報告問世，探討飲酒對人體健康的影響。[21]這份研究報告的重點不在結果，而是研究遭到提前終止。此研究是第一次採用這樣的實驗方法：實驗組的參與者必須1天喝1杯酒，為期6年；控制組的參與者則完全不喝酒。

　　對於美國國家衛生研究院是否可接受酒精飲品產業上百萬美元的研究贊助一事，一直都有所爭議。海尼根、嘉士伯以及其他酒商，共同資助了上述研究。[22]如今，美國國家衛生研究院內部報告揭示，科學家承諾酒精飲品製造商，該研究可提供「足夠證據，決定酒精飲品是否應成為每日推薦的飲食品項」。[23]

　　此項研究計畫的設計方式呈現飲酒的所有益處，忽略飲酒的所有害處。相較之下這項實驗的時間很短，所以許多慢性病的症狀都沒有出現。而且特定類型的民眾——舉例而言，家族有癌症病史的人——都被排除在實驗之外。雖然排除的藉口是為了實驗安全，但也確實減少參與者罹癌的機率，以及罹癌和飲酒之間的關聯。

如果我們希望能有效發現數字的濫用情況，關鍵就在是否確實理解人類常見的思維謬誤，以及重視自己的直覺。但是，我們最應該提出的一個重要問題是：是誰藏在數字背後？在數字結果背後，此人是否擁有既得利益？

【結語】

讓數字回到應有的位置

　　多年來，數字的惡劣使用情況經常讓我感到絕望。持續出現的思維錯誤、導致錯誤詮釋的直覺以及主導追求真相過程的利益，都足以讓一個人感到挫折。這種情況是令人遺憾的，因為數字可以協助我們理解世界，讓世界變得更好。但是，我們也應該謹慎處理數字，並用看待文字的批判態度來對待數字。

　　我們現在就應該讓數字回到應有的位置。開始撰寫與數字有關的文章之後，我已經收到許多深具啟發性的提議，協助我完成這個目標——批判數字的錯誤應用，或者質問數字應有的角色。此種提議可以證明我們並非無能為力。

　　以國內生產毛額為例，在過去幾年，其數字的極限，以及其對於政策影響的主導地位，已開始出現動搖。許多人提出各種能夠取代，或者補充國內生產毛額的數值。舉例而言，一些國家開始測量公民的「幸福指數」；經濟發展暨合作組織則是提出「美好生活指數」（the Better Life Index）作為更廣泛的指標，計算一個國家的環境和就業市場等因素[2]；荷蘭中央統計局最近開始測量「良善生活普遍概念」，研究荷蘭社會的繁榮對未來世代的影響。[3]

政治民調也受到更嚴格的檢驗，只要單一民調結果出現小幅變動，就會引來猛烈的質疑與批判，而之後也往往演變成一起重大新聞。因此，一種名為「民調彙集商」的行業開始繁榮發展，其工作內容是蒐集選舉民調結果。上述的各種結果應可提供更可靠的評估，希望也能消除個別的民調偏差。有些民調彙集商採用單純的平均數，如「真實精確政治」民調彙集公司；而其他公司，如「538」（FiveThirtyEight）則是建立更細緻的模型以計算預估結果。

科學領域方面，如「發表偏差」及「操弄p值」（刻意尋找顯著的相關性結果）也開始受到重視。自從2012年開始，經濟學家以及其他學科的社會科學研究人員，在實際從事研究計畫之前，必須在美國經濟學協會註冊實驗內容。[4]此項規定代表他們預定從事的實驗內容將會非常明確，不需要無窮無盡尋找顯著的相關性結果。

長久以來，複製性研究（replications）——也就是重複過去的研究內容——一直不受歡迎，因為通常會期待科學家提出更豐富、新穎的結果，但在過去幾年之間，複製性研究出現的頻率開始增加。舉例而言，美國開放科學中心主導一個心理學研究的「重製計畫」,[5]由270位科學家重複進行數百個心理學試驗,該計畫發現相較於最初的試驗結果,新研究所呈現的影響結果更小,且更不顯著。[6]

••••

但是,各位可能會問,如果你不是一位政策制定者,也不是科學家,又該如何面對數字?該如何面對被數字主宰的生活?

以孩童的教育為例。我們經常聽到考試結果主導教育,但還是有其他老師和學校願意採取另一個面向:**獎勵沒有數字的成績**。舉例而言,經濟學老師安東・南寧加(Anton Nanninga)決定使用文字,而不是數字,作為評估學生表現的方式。安寧加接受荷蘭教育事務研究所(NIZOV)的專訪時表示,他不能老是躲在數字背後:[7]「我必須提出真正的學生表現報告。」德國的一位老師馬丁・雷金奈德斯(Martin Ringenaldus),也在某些課程中不再以數字當作成績判定標準。「我感到很輕鬆!」他在推特表示,「學生不僅更有學習動力,整個上課氣氛也更放鬆了(沒有考試壓力)。即便是艱深的詞形變化,也不再是學習上的大問題了。」[8]上述措施都只是實驗性質,但此種實驗也證明了使用數字不是必須,而是我們的自由選擇。

數字扮演重要角色的另一個場域,就是我們的工作。在荷蘭的賓金柯夫(Bijenkorf)百貨公司,「目標銷售」是非常重要的行銷策略。在某些分公司，銷售員必須請顧客評估他們的表現——最好能在報告中明確提到銷售員的名字。[9]事實證明，這個評估指標不太可靠，一位賓金柯夫百貨公司的員工向荷蘭時事節目《新聞時刻》（*Nieuwsuur; News Hour*），透露她的同事請全家人將自己的分數評為9分或10分，藉此提高自己的整體分數。[10]此外，顧客的評分也導致壓力——甚至有謠言指出，顧客的分數會影響員工的績效考核。賓金柯夫百貨公司在荷蘭的全國性媒體上遭受批評，而荷蘭商業工會聯盟則呼籲消費者替所有銷售員提供滿分10分的評比。外界的不滿確實有用，賓金柯夫百貨公司改變政策：顧客依然可提出評分，但銷售員不必央求顧客提出個人的意見反應。

我們似乎也有明確空間可抵抗大數據演算法，以「SCHUFA開放計畫」為例。[11]SCHUFA是德國最大信用評比公司，該公司提出的信用分數報告，對一個人的財務狀況將有重大影響，但該公司拒絕公開其所使用的演算法。然而根據德國法律，公民可以要求獲得關於自身的信用評比報告。事實上在2018年，開放知識基金會及演算法監控組織，呼籲德國公民向該公司要求索取自己的信用評比報告，再轉寄給基金會和監控組織。在獲得足夠的**數據資料**後，他們就可反向找出該公司所使用的演算法。幾個月之內，超過25000位民眾要求索取個人的信用評比報告。[12]每位要求索取報告的人都相信，理解藏在數字背後的演算法，是件非常重要的事。

　　上述所有計畫都證明，數字在人類生活的主導地位並非必須，我們可以加以對抗。無論你是一位新聞記者、政策制定者、老師、醫師、警察或統計學家，數字都會影響你的生活，而你有權加以介入。

　　我們發明了數字，所以，我們也可以決定數字的正確使用方式。

看見數字時，
你該做的 6 件事

假設你在新聞報導中看見某些數字，於是想知道這些數字是否值得信任。[1]請回答以下六個問題，如果是因為根本無法找到正確的資訊而無法回答，就可直接拒絕接受這個數字。倘若研究人員並未清楚說明其研究方法，一樣也不值得獲得你的關注。

一、誰傳達這個數字訊息？

政治人物藉由提出統計數據，來表達政策有助經濟發展？某個研究結果證明巧克力有益人體健康，會不會是背後有家巧克力棒製造公司資助該研究？謹慎留意數字，尋找額外的資訊來源。

二、我有什麼感覺？

這個數字讓你覺得快樂、憤怒或悲傷？請注意，不要毫無疑問地接納或拒絕。理解自己的感受，尋找不同觀點的資訊來源。

三、這個數字如何標準化？

請務必特別謹慎，數字是否處理人為發明的概念，例如經濟成長或智力？測量數字時，測量者又做出何種選擇？數字是否膨脹為與本質不符的事物，例如使用國內生產毛額來描述民眾的幸福程度？我們應該採用不同方法，測量相同概念的研究。

四、數字如何被蒐集？

數字的基礎可能是研究計畫蒐集的數據。請將自己想像為研究計畫的其中一位參與者。測量數字的問題，是否刻意將你的答案引導至特定方向？蒐集數據的環境，是否讓你不願吐露真相？請慎重地看待數字。測量數字的樣本是不是隨機抽樣？倘若不是，請記得該數字只能適用於研究的特定團體。

五、數字如何被分析？

數字是否與聲稱存在的因果關係有關？提出以下三個問題：因果關係是否來自純粹的偶然？是否有其他相關因素？因果關係顛倒之後是否也成立？無論如何，絕對不能將一份研究結果視為絕對真理。請尋找綜合研究，理解該研究領域的觀點；或者尋找民調的加總分析，如民調網站「538」提出的彙整報告。

六、數字如何被呈現？

最後，我們還要注意數字呈現的幾個細節。

- **平均數**：如果有離峰值，可能會拉高或降低平均數字，因此，平均數無法透露正常的情況。
- **精準數字**：許多原因都會導致數字的加總不是百分百精準。不要讓自己受到虛假的精準數字誘導。
- **排名**：排名相連通常不代表兩者間有顯著差異，因為可能會有邊際誤差。
- **風險**：如果主張在特定情況下，罹患特定疾病的風險提高×％，其實沒有意義，因為我們不知道原本的百分比為何。如果原本的百分比機率很低，就算提高×％，也只是一個極小的數字。
- **圖表**：詭異的Y軸數字，可以扭曲圖表的結果。請注意Y軸並未遭到延長或壓縮。

致謝

　　一本書的誕生，絕不僅只是許多紙頁的組合；書寫，也不僅只是盡可能地打字。即使我的名字印在封面上，這本書依然是周圍許多人所共同努力的結果。有時候，人們會說養育一個孩子需要整座村子；而以這本書來說，我想一座中型城市，可能才是更好的比喻。

　　首先，我想感謝《通訊員》所有的線上訂閱者。多年來，你們讓我得以窺見各種觀念，讓我的思維更加明確，使我相信這個議題值得成為一本書。可以在如此溫暖且富有探究精神的陪伴中度過工作時光，我感到非常幸福。

　　感謝荷蘭高等研究院（NIAS），允許我以駐地記者身分，專注地在此用5個月的時間寫作，我在該院也感受到上述所提到的類似溫暖支持和探究精神，在此也感謝所有曾幫助過我的工作人員，讓我得到寫作此書所需要的決心。另外我必須大力感謝荷蘭深度新聞基金會（the Fonds Bijzondere

Journalistieke Projecten），提供我這個機會。

我在發出電子報提出請求後，數十位讀者希望閱讀校對各章節的內容。我被他們提出的熱情回應淹沒了。在此感謝Berend Alberts、Gerard Alberts、Lotte van Dillen、Eefje Dons、Marcel Haas、Eva de Hullu、Jenneke Krüger、Anke Richters、Judith ter Schure、Eduard van Valkenburg以及Joris van Vugt，感謝他們提出非常有建設性的評論。

我還要感謝Casper Alberts、Anna Alberts、Jelke Bethlehem、Rogier Creemers、Ninette van Hasselt、Wanda de Kanter、Daniël Lakens、Tom Louwerse、Marijke van Mourik以及Daniel Mügge，他們都對本書的草稿提出專業見解。

這本書也獲得Barbara Baarsma, Rutger Bregman、Pieter Derks、José van Dijck、Femke Halsema、Bas Haring、Rosanne Hertzberger以及Ionica Smeets的推薦。各位願意在百忙中撥冗閱讀本書，在此致上謝意。

感謝我在《通訊員》的同仁。幾年前，我對各位的認識僅限於出版文字。現在，你們都是我生命中活生生的人物。你們已經不只是單純的工作同仁，謝謝你們的支持和陪伴。

感謝Rob Wijnberg構思本書的荷蘭版書名，並且給了我一個絕佳的工作機會。我還要特別感謝Dimitri Tokmetzis對本書草稿提出關鍵評論；Maite Vermuelen教我何謂新聞，也成為我非常摯愛的朋友；Rutger Bregman是位良師益友；Annelieke Tillemam用極嚴格的態度梳理本書的文字錯誤，而Veerle van Wijk在最後的收尾工作付出極大努力。

我也虧欠我的「國際團隊」甚多。在詹克洛與 斯比特公司出版經紀公司（Janklow & Nesbit）任職的Rebecca Carter，在Sceptre出版社工作的Juliet Brooke以及Louise Court——謝謝你們在能夠實際閱讀內容前，就相信這本書。我還要感謝Suzanne Heukensfeldt Jansen，以及協助英文版出版的所有人。

非常感謝Andreas Jonker，謝謝你的銳利評論以及永不停止的熱情，讓這本書的內容更加豐富。

感謝Milou Klein Lankhorst，我們剛認識的時候我只是一名新人，謝謝你相信我，能與你共事是我的榮幸。

感謝Harminke Medendorp，在我孤獨的寫作時刻，妳經常靠在我的肩膀上，妳告訴我的一切，讓我的寫作生涯永遠受益。

Anna de Bruyckere、Carlotta van Hellenberg Hubar以及Carlijn Janssen，能讓你們在我的生命中停留如此多年，是我的喜樂。謝謝你們的幽默、信任以及耐心傾聽。

Hylke Blauw以及Marieke Langen，你們的家庭是我生命中的耀眼光芒。請告訴 Mies, Pia以及Pepijn，布勞阿姨很快就會到家裡幫忙照顧小孩。

Jurre Blauw 以及 Jetje Blauw-Lindo，謝謝你們曾要求我完成一件比寫書更可怕的使命。有榮幸替你們證婚的那天，是我生命中最美麗的一天。

Tjeerd Blauw 以及 Dominique Willemse，感謝我們在米德爾堡共度的所有午餐時光。我答應你們，我很快就會找到藉口，天天都可以跟你們見面。

如果沒有故鄉米德爾堡的家人和朋友們將我從降噪耳機的世界中拉出，也許這本書就沒有機會問世。

感謝 Marijke van Mourik，我的母親。我要把這本書獻給妳。是妳教會了我如何生活。謝謝。

延伸閱讀

　　本書部分內容曾刊登在《通訊員》、我的個人部落格「Out of the Blauw」，以及非營利組織網站部落格「Oikocredit Nederland blog」。

　　我希望這本書能讓每個人都輕鬆理解，因此我採用了簡潔的寫作風格，也避免深入某些特定主題。幸運的是，已有許多精彩的書籍專門探討統計學的誤用、數據社會的歷史，以及我在本書所討論的其他議題。

　　雖然達雷爾・赫夫並非統計學家出身，但《別讓統計數字騙了你》依然是必讀作品。我也推薦科學記者查爾斯・席夫（Charles Seife）的《證明》（*Proofiness*）及數學教授喬丹・艾倫伯格（Jordan Ellenberg）的《數學教你不犯錯》（*How Not to Be Wrong*）。想要理解統計學在現代時事的錯用，讀者也可追蹤英國廣播電視公司第四頻道的「數字知多少」（More or Less）節目，以及統計數據專家奈特・席佛（Nate

Silver）的網站《538》，並密切注意報紙的事實查核專欄。

如果希望了解更多數據社會的發展歷史，我推薦各位閱讀人類學者詹姆斯‧斯科特（James C. Scott）的《國家的視角》（*Seeing Like a State*），以及優沃‧諾亞‧哈拉瑞的《人類大歷史》；智力測驗的發展歷史，請參考顧爾德的《人類的錯誤衡量》。經濟學家黛安‧柯爾（Diane Coyle）在《GDP的多情簡史》（*GDP：A Brief but Affectionate History*）對於國內生產毛額有很精彩的討論。對於民調的歷史探討，史學家莎拉‧伊格（Sarah Igo）的《平均的美國人》（*The Averaged American*）則是很好的起點。統計學家大衛‧史匹格哈特（David Spiegelhalter）的《性愛中的數字》（*Sex By Numbers*）是了解性研究的必讀作品。羅伯特‧普羅克特的《黃金大屠殺》依照時間序記載菸草公司的行為，也請參考娜歐米‧歐瑞斯克斯和艾瑞克‧康威的《販賣懷疑的人》。關於大數據和演算法的更多資訊，請參考數學家凱西‧歐尼爾的《數學毀滅武器》以及漢娜‧弗萊（Hannah Fry）的《打開演算法黑箱》（*Hello World*）。康納曼在《快思慢想》中卓越地探討人類詮釋數字時的心理過程；菲利普‧泰特洛克（Philip Tetlock）以及丹‧賈德納（Dan Gardner）的作品《超級預測》（*Superforecasting*）一書則描述人類決策和詮釋現實時的心理共同決定因素。

最後，我非常喜歡閱讀以下傳記作品：阿奇‧考科藍和馬克斯・布萊特（Max Blythe）合著的《個人醫學》（*One Man's Medicine*）；馬克・博斯特里奇（Mark Bostridge）的作品《南丁格爾》（*Florence Nightingale*），以及史學家詹姆斯・瓊斯（James Jones）的《金賽傳》（*Alfred C. Kinsey*）。

註釋

前言

1 我過去曾在個人部落格「Out of the Blauw」以及在「Oikocredit Nederland」基金會網站上提到與璜妮塔的接觸經驗。然而我無法與她取得聯繫，讓她本人親自閱讀這段故事，因此我替璜妮塔取了個假名。

第1章

1 關於佛蘿倫絲‧南丁格爾的故事，我採用了馬克‧博斯特里奇的傳記作品《*Florence Nightingale: The Woman and Her Legend*》(Viking, 2008)以及Cara Giaimo於2017年5月12日刊登於《*Atlas Obscura*》的文章 "Florence Nightingale Was Born 197 Years Ago, and Her Infographic Were Better Than Most of the Internets'"。

2 Florence Nightingale, *Notes on Matters Affecting the Health, Efficiency, and Hospital Administration of British Army* (Harrison and Sons, London, 1858). 南丁格爾使用英國和法國統計學家蒐集的數據，關於此點，讀者可參考 "Florence Nightingale, Statistics and Crimean War", by Lynn McDonald, *Statistics in Society* (May, 2013).

3 Hugh Small, "Florence Nightingale's Hockey Stick," *Royal Statistical Society* (7 October, 2010).

4　Iris Veysey, "A Statistical Campaign: Florence Nightingale and Harriet Martineau's England and her Soldiers", *Science Museum Group Journal* (3 May 2016).

5　Harold Raugh, *The Victorians at War, 1815-1914: An Encyclopedia of British Military History* (ABC-CLIO, 2004).

6　Lynn McDonald, *Florence Nightingale and Hospital Reform: Collected Works of Florence* (Wilfrid Laurier University Press, 2012). pp. 442.

7　Hugh Small, "Florence Nightingale's Statistical Diagrams', presentation to a Research Conference organised by the Florence Nightingale Museum, 18 March 1998.

8　自從1811年成立出生、死亡以及婚姻登記機構（the Registry of Births, Deaths, and Marriages）之後就採用此種系統。在法國的特定地區，則是早在1796年就開始了。

9　Ian Hacking, "Biopower and the Avalanche of Printed Numbers", *Humanities in Society* (1982).

10　Meg Leta Ambrose, "Lessons from the Avalanche of Numbers: Big Data in Historical Perspective", *Journal of Law and Policy for the Information Society* (2015).

11　本段的內容取自Yuval Noah Harari的《*Sapiens*》(Harvill Secker, London, 2014)。

12　本段的內容取自James Scott的《*Seeing Like a State*》(Yale University Press, New Haven, 1998)

13　Ken Alder, "A Revolution of Measure: The Political Economy of the Metric System in France", in *Values of Precision* (Princeton University Press, 1995), pp.39-71.

14　James Scott, *Seeing Like a State* (Yale University Press, New Haven, 1998).

15　Ken Alder, "A Revolution of Measure: The Political Economy of the Metric System in France", in *Values of Precision* (Princeton University Press, 1995), pp.39-71.

16　此段文字受到詹姆斯‧斯柯特的《*Seeing Like a State*》之啟發：「對於中央化的菁英而言，普世共用的標準是給老者使用的，特定的衡量方式作為一種民族語言，則是為了處理既有的雜亂方言。」

17 Mars Climate Orbiter Mishap Investigation Board, *Phase I Report* (10 November 1999).

18 在啟蒙運動和「科學革命」時間，科學家以理型和普世原則建立其思維和研究方式。

19 "Appendix G: Weights and Measures", *CIA World Factbook*（查詢日期：7月26日，2018年）

20 Meg Leta Ambrose, "Lessons from the Avalanche of Numbers: Big Data in Historical Perspective", *Journal of Law and Policy for the Information Society* (2015).

21 讀者可以在 "Biopower and the Avalanche of Printed Numbers", *Humanities in Society* (1982) 找到這個觀點，作者哈金也描述了威廉・法爾和同仁提出的疾病清單。

22 這個觀點受到優沃・諾亞・哈拉瑞的啟發，他在《人類大歷史》一書中探討人類數字系統的後續發展：「數字成為全世界的主導語言。」

23 Hans Nissen, Peter Damerow and Robert Englund, *Archaic Bookkeeping: Early Writing and Techniques of Economic Adiminstration in the Anicient Near East* (University of Chicago Press, 1994).

24 "Census", *Wikipedia*（最後查詢日期：2018年7月26日）。

25 Jelke Bethlehem, "The Rise of Survey Sampling", Statistic Netherlands (2009).

26 Ian Hacking, in "Biopower and the Avalanche of Printed Numbers", *Humanities in Society* (1982), 他認為這段時間的成長為「指數成長」。本段落的其餘內容也是基於哈金的文章。

27 "General Register Office", *Wikipedia*（最後查詢日期：2018年7月28日）。

28 Ian Hacking, "Biopower and the Avalanche of Printed Numbers", *Humanities in Society* (1982).

29 我對於阿道夫・凱特勒的想法都是基於 Todd Rose 的書籍《*The End of Average*》。

30 南丁格爾在寫給凱特勒的書信中，將凱特勒稱為「統計學的創造者」。請參考 Gustav Jahoda, "Quetelet and the Emergence of the Behavioral Sciences", *SpringerPlus* (2005).

31 這場革命的目標是讓比利時脫離荷蘭獨立。

32 凱特勒不僅將平均的人視為一種統計學現象，也是人類的理想意象。

33 Stephen Stigler, "Darwin, Galton, and the Statistical Enlightenment", *Journal of the Royal Statistical Society* (2010).

34 我在菲利普‧泰特洛克和丹‧賈德納的《*Superforecasting*》中得知考科藍的故事。本段落的故事內容則是基於考科蘭和馬克斯‧布萊特共同撰寫的自傳作品《*One Man's Medicine*》(BMJ Books, London, 1989)。

35 Marcus White, "James Lind: The Man who Helped to Cure Scurvy with Lemons", BBC News (4 October, 2016). 我們現在知道柑橘類的食物含有維他命C，可以避免或者治癒壞血病。

36 "Nutritional yeast", *Wikipedia* (最後查詢日期：2018年7月26日)。

37 考科藍並未在自傳作品中清楚描述究竟會有何種後果。

38 這個故事基於考科藍的作品《*One Man's Medicine*》，同一段軼事也出現在菲利普‧泰特洛克和丹‧賈德納的《*Superforecasting*》。

39 David Issacs, "Seven Alternatives to Evidence Based Medcine", *BMJ* (18 December, 1999).

40 這種現象也稱為「認知失調」(cognitive dissonance)。

41 Vinayak Prasad和Adam Cifu的《*Ending Medical Reversal*》描述了這個實驗（Johns Hopkins University Press, Baltimore, 2015）。在一篇更早期的文章中，研究人員觀看同一本科學期刊在超過10年之間刊登的所有文章。他們提出一個驚人的結果：在將近140名個案中，普遍接受的治療方法沒有效果。（Prasad et al., "A Decade of Reversal: An Analysis of 146 Contradicted Medical Practices," *Mayo Clinical Proceedings,* 18 July 2013.）

42 Sanne Blauw, "Vijf woorden die volgens statistici de wereld kunnen redden", ("Five Words which Statisticians Believe Can Save the World") *De Correspondent* (10 February 2017).

43 Anushka Asthana, "Boris Johnson Left Isolated as Row Grows over £350m Post-Brexit Claim," *Guardian* (17 September, 2017).

44 "Called to Account", *The Economist* (3 September, 2016).

第2章

1 關於本章的智力測驗討論，我大幅採用了顧爾德的作品《*Mismeasure of Men*》。後來的研究質疑顧爾德書中的特定面向，但並非針對顧爾德對於智力測驗的詮釋。如果讀者希望了解更多相關議題，我推薦閱讀 Jason Lewis, David DeGusta, Marc Meyer, Janet Monge, Alan Mann 以及 Ralph Holloway 的 "The Mismeasure of Science: Stephen Jay Gould versus Samuel George Morton on Skulls and Bias", *PLoS Biology* (7 June, 2011)，以及 Michael Weisberg 和 Diane Paul 的 "Morton, Gould, and Bias: A comment on 'The Mismeasure of Science'", *PLoS Biology* (19 April 2016).

2 E. G. Boring 是耶基斯的助理，他一共選擇了16萬名個案進行分析。

3 Jeroen Pen, "Racisme? Het gaat op de arbeidsmarkt om IQ" ("Racism? IQ is what Counts in the Job Market"), *Brandpunt+* (9 June 2016).

4 這段討論引用自 Gavin Evans "The Unwelcome Revival of 'Race Science'", *Guardian* (2 March, 2018).

5 Margalit Fox, "Arthur R. Jensen Dies at 89; Set Off Debate About I.Q." *New York Times* (1 November 2012).

6 Richard Herrnstein and Charles Murray, *The Bell Curve* (Free Press, 1994).

7 Nicholas Wade, *A Troublesome Inheritance* (Penguin, London, 2014).

8 大約有140名的基因遺傳學家寫信抗議韋德的主張，請參考 "Letters: 'A Troublesome Inheritance'", *New York Times* (8 August 2014).

9 移民配額的限制歧視非常隱匿：當時的美國政府，使用「該國已經居住在美國人數的2%」作為配額，並且使用1890年的普查資料，當時的移民人口以南歐和東歐為主，而不是以1920年最新的普查資料。

10 Allan Chase 在《*The Legacy of Malthus*》中的評估人數為600萬（Knopf, New York, 1977）。Chase 認為，相較於1924年之前，美國的移民人口數量保持原狀。

11 Andrea DenHoed, "The Forgotten Lessons of American Eugenics Movement", *New Yorker* (27 April, 2016).

12 數字來自 William Dickens 以及 James Flynn 的 "Black Americans Reduce the Racial IQ Gap: Evidence from Standardization Sample's", *Psychological Science* (2006). 我使用魏克斯勒成人智力量表從1995年之後的數據資料。

13 Malcolm Gladwell, "None of the Above", *New Yorker* (17 December, 2007).

14　David Reich, "How Genetics Is Changing Our Understanding of Race," *New York Times* (23 March 2018).

15　D' Vera Cohn, "Millions of Americans Changed their Racial or Ethnic Identity from One Census to the Next" , *Pew Research Center*, 5 May 2014.

16　為了測量智力分數，測驗通常都會在有代表性的樣本中，並且重新校正結果，以平均「100分」進行常態分配，所以68%參與者的成績將會介於85分至115分之間。

17　"Inkomens van personen" (Individual Income" , *cbs.nl*（〔最後查詢時間：2018年9月6日〕）。

18　顧爾德在《The Mismeasure of Man》中提到了比奈的故事。

19　此段關於金錢以及其他人為發明概念的描述，受到哈拉瑞的《人類大歷史》啟發。

20　我對於國內生產毛額發展歷史的觀點，來自《GDP: A Brief but Affectionate History》，作者為 Diane Coyle (Princeton University Press, 2014)。

21　雖然顧志奈經常被視為國內生產毛額的發明人，但他建立國內生產毛額的方法早已存在，英國統計學家 Colin Clark 創造的計算方法就是其中一個例子。

22　Simon Kuznets, "National Income, 1929-1932" , *National Bureau of Economic Research* (7 June 1934).

23　嚴格來說，當時公布的資料不是國內生產毛額，而是國民生產毛額（Gross National Product；GNP）。國內生產毛額是特定國家之中創造的財貨和服務價值，而國民生產毛額則是測量該國居民創造的財貨和服務價值（因此，如果財貨和服務的價值創造地點不在國內，也會列入計算）。

24　舉例而言，荷蘭的總理馬克・呂特（Mark Rutte）為了刺激經濟發展，曾經增稅，也曾經減稅，藉此擺脫經濟衰退。根據荷蘭經濟政策分析局的定義，如果荷蘭的國內生產毛額至少發生兩季的減少，就是處於經濟衰退。

25　這段插曲的文字內容基於我的另一篇文章 "Hoe precieze cijfers ons misleiden and de geschiedenis bepalen" ("How Precise Figures Mislead Us and Determine History), *De Correspondent* (1 December, 2015).

26　Enrico Berkes and Samuel Williamson, "Vintage Does Matter, The Impact and Interpretation of Post War Revisions in the Official Estimates of GDP for the United Kingdom" , meansuringworth.com（查詢日期：2018年8月15日）。值

得一提，該網站每年都會公布最新的資料數據，顯示與前一年的差異。

27 Shane Legg and Marcus Hutter, "A Collection of Definitions of Intelligence", *Froniters in Artificial Intelligence and Applications* (2007).

28 "Wechsler Adult Intelligence Scale", *Wikipedia*（最後查詢日期：2018年7月30日）。

29 路瑞亞的故事來自James Flynn在TED演講的內容，此次演講的主題為 "Why Our IQ Levels Are Higher than Our Grandparents" (March, 2013)。路瑞亞前往烏茲別克的故事可見於其自傳《*The Autobiography of Alexander Luria: A Dialogue with the Making of Mind*》，共同作者為 Michael Cole以及Karl Levitin (Psychology Press, 1979, republished in 2010)。

30 此處提到的例子受到Bobby Kennedy在1968年3月18日一場探討國內生產毛額的演講啟發。

31 Anne Roeters, *Een week in kaart (A Week Charted)*, the Netherlands Institute for Social Research (Social and Cultureel Planbureau, 2017).

32 Tucker Higgins, "Trump Suggests Economy Could Grow at 8 Or 9 Percent If He Cuts the Trade Deficit", *CNBC* (27 July 2018).

33 預算赤字不能超國內生產毛額的3%，而國債也不能超過國內生產毛額的60%；因此，如果一個國家的國內生產毛額較高，比較容易符合歐盟的標準。

34 許多商業領域和公務領域的實習計畫名額，其評估標準都是智力測驗成績或者其他可相提並論的測驗。

35 我對於斯比爾曼的觀點，來自顧爾德的《*The Mismeasure of Man*》。

36 斯比爾曼使用的方法為「因素分析」，一群數據簡化為共同的「因素」。斯比爾曼認為，單一因素就能解釋孩童之間的眾多差異。

37 Stephen Jay Gould, *The Mismeasure of Man*, in its Dutch version, translated by Ton Maas and Frits Smeets (Uitgeverij Contact, 1996).

38 Charles Spearman, "General Intelligence Objectively Measured and Determined", *The American Journal of Psychology* (April, 1904).

39 Edwin Boring, "Intelligence as the Tests Test It", *New Republic* (1923).

40 The *Landelijk Kader Nederlande Politie 2003-2006* (*National Dutch Police Structural Plan, 2003-2006*) 特別討論不同警察部隊使用的罰鍰額度。荷蘭政府和警力單位後來達成協議，取消了罰鍰配額制度，但警方繼續使用其他類

型的「產量配額」。伊沃‧歐普斯特頓（Ivo Opstelten，自由民主人民黨黨籍，當時為正義和安全部長）最後終於禁止警方使用任何類型的配額制度。我過去曾經寫文章探討罰鍰配額制度，請參考 "Hoe cijferdictatuur het werk van leraren, agenten and artsen onmogelijk maakt" ("How the Dictatorship of Numbers Makes the Work of Teachers, Police Officers and Doctors Intolerable")，我和Jesse Frederik共同發表於 *De Correspondent* (5 January 2016).

41　Peter Campbell, Adrian Boyle and Ian Higginson, "Should We Scrap the Target of a Maximum Four Hour Wait in Emergency Department?" , *BMJ* (2017).

42　古德哈特法則一詞來自 "Improving Ratings: Aduit in the British University System" by Marilyn Strathern, *European Review* (July 1997). 古德哈特第一次是在1975年的兩篇文章耕耘這個觀念。更詳細的討論，請參考 "Goodhart' s Law: Its Origins, Meaning and Implications for Monetary Policy" by K. Alec Chrystal and Paul Mizen in *Central Banking, Monetary Theory and Practice* (Edward Elgar Publishing, 2003).

43　Stephen Jay Gould, *The Mismeasure of Man*, in its Dutch version, translated by Ton Maas and Frits Smeets (Uitgeverij Contact, 1996).

44　Kevin McGrew, "The Cattell-Horn-Carroll Theory of Cognitive Abilities" , in *Contemporary Intellectual Assessment: Theories, Tests, and Issues* (The Guilford Press, 1996).

45　這段文字來自於《*GDP: A Brief but Affectionate History*》by Diane Coyle (Princeton University Press, 2014).

46　沈恩獲得「諾貝爾經濟科學紀念獎」，這個獎項並非屬於嚴格意義的諾貝爾獎（譯註：在諾貝爾的遺囑中，並未將經濟學獎列入五大獎項），但這個獎項通常會被視為諾貝爾獎。

47　*Human Development Report 2019.* United Nations Development Programme (2019). 面對此種類型的數據，我們必須記得數據會有邊際誤差，我們將在第3章探討這個概念。邊際誤差的意義代表，有些國家的分數在統計學上沒有差異，因為數據必然包含一定程度的「雜訊」。

48　*Jinek*, KRO-NCRV (21 December, 2017).

49　Maarten Back, "AD Publiceert alleen nog de 75 beste olliebollenkramen" ("AD only Publishes the 75 Best Doughnuts Stalls"), *NRC* (22 December 2017).

50 Herm Joosten, "Voor patiënten is de AD-ziekenhuislijst (vrijwel) zinloos" (The AD Hospital Table is (Virtually) Unless for Patients"), *de Volkskrant* (10 October, 2014).

51 有時候，即使創作者本身不知道，但道德選擇依然藏於其中。經濟學家 Martin Ravallion 研究人類發展指數之後發現一個詭異結果：如果一個國家的民眾預期壽命減少，但只要收入稍微增加，人類發展指數也會提高。因為，不同面向的差異被歸類於同一個數字；因此，不同面向的數字變得可相互交換。Revallion 開始計算之後，他提出一個荒謬結論：在不同國家，人類的生命有不同價值。人類生命價值的絕對低點出現在辛巴威，一年的壽命價值只有 50 歐元。另一方面，在富裕國家，人類每年的生命價值則是至少高於 8000 歐元。請參考 Martin Ravallion, "Troubling Tradeoffs in the Human Development Index," *Journal of Development Economics* (November, 2012).

52 我過去曾在 "Waarom we veel minder weten van ontwikkelingslanden dan we denken" ("Why We Know Much Less about Developing Countries than We Think?"), *De Correspondent* (30 June, 2015) 中探討飢餓的定義。

53 *The State of Food Insecurity in the World*, Food and Agriculture Organization (2012).

54 James Flynn, "Why Our IQ Levels Are Higher than Our Grandparents" , *TED.com* (March, 2013).

55 過去的研究人員曾經在特定樣本中察覺異狀，但弗林率先採用有結構的研究方式。

56 在有些國家，你可以看見「反弗林效應」，也就是智商的減少。挪威男性的數據顯示，在 1975 年至 1990 年之間，他們的智商減少。請參考 Bernt Bratsberg and Ole Rogeberg, "Flynn Effect and Its Reversal Are Both Enviromentally Caused" , *PNAS*, (26 June, 2018).

57 耶基斯使用「低能」(moron) 形容教育程度不正常者，在現代，這個詞通常只用於謾罵。

58 Carl Brigham, *A Study of American Intelligence* (Princeton University Press, 1923).

59 比奈學習哲學的時候，有人曾告訴他，他永遠不可能成為一位真正的哲學家。「永遠不可能。」比奈在 1909 年時寫道，「如此重大的字眼。近年來，有些思想家似乎願意在道德上支持這種可悲的評論，他們認為一個人的智力是固定的，一種無法增加的數值。我們必須提出抗議，並且回應此種殘忍的悲觀主義。我們必須證明，他們的說法毫無依據！」請參考 Gould, page 183-184.

60　Diane Coyle, *GDP: A Brief but Affectionate History* (Princeton University Press, 2014).

61　Malcolm Galdwell, "None of the above" , *New Yorker* (17 December 2007).

62　Anandi Mani, Sendhil Mullainathan, Eldar Shafir and Jiaying Zhao, "Poverty Impedes Cognitive Function" , *Science* (30 August 2013).

63　Tamara Daley, Shannon Whaley, Marian Sigman, Michael Espinosa and Charlotte Neumann, "IQ on the Rise: The Flynn Effect in Rural Kenyan Children" , *Psychological Science* (May 2003).

64　William Dickens and James Flynn, "Black Americans Reduce the Racial IQ Gap: Evidence from Standardization Samples" , *Psychological Science* (2006).

65　Angela Hanks, Danyelle Solomon, Christian Weller, *Systemic Inequality: How America's Structual Racism Helped Create the Black-White Wealth Gap,* Center for American Progress (21 February 2018).

66　Alana Semuel, "Good School, Rich School; Bad School, Poor School" , *The Atlantic* (25 August 2016); Alvin Chang, "Living in a Poor Neighborhood Changes Everything about Your Life" , *Vox.com* (4 April 2018).

67　Marianne Bertrand and Esther Duflo, "Field Experiments on Discrimination" , in *Handbook of Field Experiments* (Elsevier, 2017).

第 3 章

1　杜魯門當時已經是總統，因為富蘭克林‧羅斯福死後，杜魯門繼任成為總統。

2　《芝加哥每日論壇報》的判斷來自其政治記者 Arthur Sears Henning，他使用民調和其他資訊預測選舉結果。請參考 "The Untold Story of "Dewey Defeats Truman" by Craig Silverman, *Huffington Post* (5 December 2008).

3　Michael Barbaro, "How Did the Meida – How Did We – Get This Wrong?" , *New York Times* (9 Novemeber, 2016).

4　更精準地說，王聲宏主張，如果川普在選舉人票中贏得超過240票，他就吃蟲。川普贏了290張。請參考 Sam Wang "Sound Bites and Bug Bites", *Princeton Election Consortium* (4 November, 2016). 王聲宏在2016年10月19日於推特上發表此則聲明。

5　Alexandra King, "Poll Expert Eats Bug on CNN After Trump Win", *CNN* (12 November, 2016).

6　Jelke Bethlehem, "The Rise of Survey Sampling", Statistic Netherlands (2019).

7　Tom Smith "The First Straw? A Study of The Origins of Election Polls", *Public Opinion Quarterly* (1990).

8　Smith主張，1824年的美國總統大選是自從1800年總統大選後的「第一次嚴肅較量」。1800年之後，美國總統選舉系統採用了新的方式，多數民意將會決定總統大選結果。

9　Sarah Igo, *The Averaged American: Survey, Citizens and the Making of a Mass Public* (Harvard University Press, Cambridge, Mass., 2007).

10　這已經不是民調的形象出現裂縫。在1936年，《文學文摘》(*Literacy Digest*)雜誌——當時是民調領域的佼佼者——預測阿爾夫‧蘭登將會勝選。蘭登最後落敗了。《文學文摘》雜誌也在一年後倒閉。

11　Alfred Kinsey, Wardell Pomeroy and Clyde Martin, *Sexual Behavior in the Human Male*. (W. B. Saunders Company, 1948).

12　Frederick Mosteller, *The Pleasure of Statistic: The Autobiography of Frederick Mosteller* (Springer, 2010).

13　David Spiegelhalter, *Sex by Numbers* (Profile Books, London, 2015).

14　Thomas Rueb, "Eén op de tien wereldburgers is homoseksueel" ("One in Ten People in the World is Gay"), *nrc.nl* (24 July, 2012).

15　Sarah Igo, *The Averaged American: Surveys, Citizens and the Making of a Mass Public* (Harvard University Press, Cambridge, Mass., 2007).

16　本章對於金賽研究以及3位統計學家的觀點取自以下3本書籍：James Jones, *Alfred C. Kinsey: A Life* (Norton, New York: 1997); Sarah Igo, *The Averaged American: Surveys, Citizens, and the Making of a Mass Public* (Harvard University Press, Cambridge, Mass., 2007); David Spiegelhalter, *Sex by Numbers* (Profile Books, London, 2015)。

17 金賽在報告中主張，最後需要的數字就是10萬名觀察個案。他還希望以後可以發表涵蓋範圍更廣泛的研究報告，但從未實現。

18 "The Kinsey Interview Kit", *The Kinsey Institute for Research in Sex, Gender, and Reproduction* (1985).

19 此處的粗體強調為我所加。

20 David Spiegelhalter, *Sex by Numbers*.

21 這個數字來自the Natsal-3-Study，大衛・史匹格哈特也在《*Sex by Numbers*》的第3章提到。

22 Michelle Alexander and Terri Fisher, "Truth and consequences: Using the bogus pipeline to examine sex differences in self-reported sexuality", *Journal of Sex Research* (2003). 這個實驗也出現在 David Spiegelhalter,《*Sex by Numbers*》。2.6 位性伴侶的觀察數字，其來源組別有可能是在其他學生觀察的情況之下得出。還有另一個研究組別，受訪者則是在封閉房間的環境中受訪，這個組別的平均性伴侶人數則是3.4。

23 Guy Harling, Dumile Gumede, Tinofa Mutevedzi, Nuala McGrath, Janet Seeley, Deenan Pillay, Till W Bärnighausen, and Abraham J. Herbst, "The Impact of Self-Interviews on Response Patterns for Sensitive Topics: A Randomized Trial of Electronic Delivery Methods for a Sexual Behaviour Questionnaire in Rural South Africa", *BMC Medical Research Methodology* (2017).

24 我在英國廣播電視台四號頻道的節目《*More or Less*》得知這個民調結果，該節目於2017年12月5日報導此民調。我在此處探討以及後續段落探討的批判，也是該節目的討論內容。提姆・哈福特是節目主持人，他和普瑞斯威雷・馬克赫吉探討該議題時，馬克赫吉以推特用戶名稱 @peelaraja 發文表示：「如果你是我的行銷課學生，設計此種問卷，我會讓你不及格。」

25 Jelke Bethlehem, "Terrorisme een groot problem? Het is maar net hoe je het vraagt" ("Is Terrorism a Big Problem? It Depends How You Frame the Question"), *peilingpraktijkeen.nl* (2 October 2014).

26 David Spiegelhalter, *Sex by Numbers* (Profile Books, London, 2015).

27 報告的第6頁指出，參與研究的黑人男性人數太少，沒有辦法說明任何研究事實。

28 "Internet Users per 100 Inhabitants", *unstats.un.org*（最後查詢日期：2018年7

月31日）。

29　Jeffrey Arnett, "The Neglected 95%: Why American Psychology Needs to Become Less American" , *American Psychologist* (October, 2008).

30　Joseph Henrich, Steven Heine and Ara Norenzayan, "The Weirdest People in the World?" , *Behavioral and Brain Sciences*. (June 2010).

31　一個可能的解釋，就是現代社會的人已經習慣直角，例如現代建築或鄉村廣場的建築。現代人的大腦已經習慣一種特定的視覺，最後導致繆勒—萊爾錯覺。

32　後續段落的內容基於 Angela Saini,《*Inferior*》(HarperCollins Publishers, 2018).

33　"Drug Safety: Most Drugs Withdrawn in Recent Years Had Greater Health Risks for Women" , United States Government Accountability Office (19 January 2001).

34　Archibald Cochrane and Max Blythe, *One Man's Medicine* (BMJ Books, London, 1989).

35　Dana Carney,, Amy Cuddy, and Andy Yap, "Power Posing: Brief Nonverbal Display Affect Neuroendocrine Levels and Risk Tolerance" , *Psychological Science* (2010).

36　Ranechill, Anna Dreber, Magnus Johannesson, Susanne Leiberg, Sunhae Sul and Roberto Weber, "Assessing the Robustness of Power Posing: No Effect on Hormones and Risk Tolerance in Large Sample of Men and Women" , *Psychological Science* (2015). 2018年，柯蒂和兩位同仁一起提出一個研究報告，顯示開放的姿態確實能夠產生正面的影響效果，但是，他們同樣沒證據指出強力姿勢可以創造的具體效果。請參考 Marcus Crede, "A Negative of a Contractive Pose Is Not Evidence for the Positive Effect of an Expansive Pose: Commentary on Cuddy," Schultz, and Fosse (2018), unpublished manuscript, available on *SSRN* (12 July 2018).

37　Kat herine Button, John Ioannidis, Claire Mokrysz, Brian Nosek, Jonathan Flint, Emma Robinson and Marcus Munafò, "Power Failure: Why Small Sample Size Undermines the Reliability of Neuroscience" , *Nature Review: Neuroscience* (May 2013).

38　這段故事記載於 Sarah Igo,《*The Averaged American: Surveys, Citizens and the Making of a Mass Public*》。

39 讀者或許已經注意到了，18000筆個案的數量不符合兩個報告中的11000筆。金賽和研究同仁確實訪談了18000人，但不是每個觀察報告最後都記載於報告中，例如黑人男性或者在報告出版後才接受訪談的個案。

40 一個值得注意的細節：由於機率的關係，即使是總人口的橫向調查依然可能產生代表性不足的問題，但由於我們已經知道隨機抽樣時可能產生此現象的機率，就能夠計算樣本的代表性程度。

41 此議題記載於 "Kinsey"，*American Experience* 系列紀錄片的其中一集，於2015年2月14日首播。

42 Richard Pérez-Peña, "1 in 4 Women Experience Sex Assualt on Campus", *New York Times* (21 September 2015). 我在 Brain Earp 刊登於《*Huffington Post*》的一篇文章發現這個調查 "1 in 4 Women: How the Latest Sexual Assualt Statistic Were Turned into Click Bait by the *New York Times*" (28 September, 2015).

43 David Cantor, Reanne Townsend and Hanyu Sun, "Methodology Report for the AAU Campus Climate Survey on Sexual Assault and Sexual Misconduct", *Westat* (12 April 2016).

44 計算方式如下：如果剩餘的80%都是受害者：0.2*0.25+0.8*1=0.85（85%）。如果剩餘的80%不是受害者：0.2*0.25+0.8*0=0.05（5%）。

45 此種誤差程度考慮到不合理的情況，並且假設樣本有足夠的代表性，而提問的方式也是正確的。

46 請查閱 https://goodcaculator.com/margin-of-error-calculator 輸入 "Population Size"；這個就是讀者想知道的數據。在這個數據中，於金賽的時代，美國男性的總人口數是6000萬。從理論上而言，「樣本總數」應該是100，而男性的「比例」則是50%。邊際誤差則是9.8%，因此，比率最低可能是40.2%，最高則是59.8%（區間為95%的可信度）。

47 David Weigel, "State Pollsters, Pummeled by 2016, Analyze What Went Wrong", *Washington Post* (30 December 2016).

48 由於美國採用選舉人票制度，贏得普選票的人，不一定是總統大選的勝利者。

49 我選擇採用美國廣播公司新聞以及《華盛頓郵報》的原因，在於《538》將他們評比為A+，也是該網站給民調機構的最高評分。4%邊際誤差的討論也出現在 Scott Clement and Dan Balz, "*Washington Post* – ABC News Poll: Clinton Holds Four-Point Lead in Aftermath of Trump Tape", *Washington Post* (16

October, 2016).

50　Nate Sliver, "The Real Story of 2016", *fivethirtyeight.com* (19 January 2017).

51　"NOS Nederland Kiest: De Uitslagen" ("The Netherland Goes to The Polls, the Result"), *NOS* (18 March 2015). 史塔克斯於2小時7分50秒時提出這個評論。

52　James Jones, *Alfred C. Kinsey: A Life*.

53　John Bancroft, "Alfred Kinsey' s Work 50 Years on", in a new edition of *Sexual Behavior in the Human Female* (Indiana University Press, 1998).

54　在詹姆斯‧瓊斯替金賽撰寫的傳記作品中，X先生被稱為「那個男人」（the man）。

55　引用自詹姆斯‧瓊斯，《*Alfred C. Kinsey: A Life*》，其他相關引文也出自同一個資料來源。

第4章

1　本章對於菸草產業的討論，取自於Robert Proctor, *Golden Holocaust: Origins of the Cigarette Catastrophe and the Case of Abolition* (University of California Press, 2011); Naomi Oreskes and Erik Corway, *Merchants of Doubt: How a Handful of Scientist Obscured the Truth on Issues from Tobacco Smoke to Global Warming* (Bloomsbury, 2012); Tim Harford, "Cigarettes, Damn Cigarettes and Statistics", *Financial Times* (10 April 2015).

2　Ernest Wynder, Evarts Graham and Adele Croninger, "Experimental Production of Carcinoma with Cigarette Tar", *Cancer Research* (December 1953).

3　"Background Material on the Cigarette Industry Client", 1953年12月15日的記事，收藏於the Industry Documents Library，此處收藏菸草產業的文獻。

4　Ligget & Myers菸草公司並未加入，該公司的立場是完全忽略。

5　"A Frank Statement to Cigarette Smokers", 4 January 1954.

6　Naomi Oreskes and Erik Conway, *Merchants of Doubt*, pp. 15.

7　Darrel Huff,《別讓統計數字騙了你》。我使用Penguin出版社於1991年出版的版本。

8　J. Michael Steele, "Darrell Huff and Fifty Years of *How to Lie with Statistics*", *Statistical Science*, Institute of Mathematical Statistics (2005).

9 "NUcheck: Helpt gin-tonic tegen hooikoorts?" (NU checks: Is Gin an Tonic Good for Hayfever?), *NU.nl* (3 May 2018).

10 Anouk Broersma, "Wegscheren schaamhaar vergroot kans op soa" ("Shaving Pubic Hair Increases Your Chances of Getting an STD"), *de Volkskrant* (6 December 2016).

11 Liesbeth De Corte, "Chocolade is wél gezond, maar enkel en alleen de pure variant" ("Chocolate is Healthy, but Only in the Dark Variety"), *AD* (5 May 2018)

12 Sumner Petroc, Vivian-Griffiths Solveiga, Boivin Jacky, Williams Andy, Venetis Christos A, Davies Aimée et al. "The Association between exaggeration in health related science news and academic press releases: retrospective observational study" , *BMJ* (10 December 2014).

13 Jonathan Schoenfeld and John Ioannidis, "Is Everything We Eat Associated with Cancer? A Systematic Cookbook Review" , *American Journal of Clinical Nutrition* (January 2013).

14 我也在 "Deze statistiche fout wordt in bijna elk debat gemaakt (en zo pik je haar eruit)" ("This Statistical Mistake is Made in Almost Every Debate〔And This is the Way to Spot it〕"), *De Correspondent* 討論章魚保羅（8 March 2016）。

15 贏得樂透的機率請參考 https://www.lottery.co.uk/lotto/odds（查詢日期：2020年1月10日）。

16 www.tylervigen.com/spurious-correlations（查詢日期：2018年8月3日）。

17 Randall Munroe, "Significant" , *xkcd.com*.

18 Brian Wansink, David Just and Collin Payne, "Can Branding Improve School Lanches?" , *Archives of Pediatrics and Adolescent Medicine* (Octobe 2012).

19 Brian Wansink and Koert van Ittersum, "Portion Size Me: Plate-Size Induced Consumption Norms and Win-Win Solutions for Reducing Food Intake and Waste" , *Journal of Experimental Psychology: Applied* (December 2013).

20 Stephanie Lee, " Here' s How Cornell Scientist Brian Wansink Turned Shoddy Data into Viral Studies about How We Eat" , *BuzzFeed News* (25 Feburary 2018).

21 Archibald Cochrane and Max Blythe, *One Man's Medicine*.

22 我曾在 "Deze statistiche fout wordt in bijna elk debat gemaakt(en zo pik je haar

eruit)" ("This statistical mistake is made in almost every debate〔And this is the way to spot it〕")探討過這個研究,*De Correspondent* (8 March 2016).

23 "Borstsparende therapie bij vroege borstkanker leidt tot betere overleving" ("Lumpectomy in Early Breast Cancer Leads to Better Survival Chances") *IKNL* (10 December 2015).

24 關於相關報告的綜合討論,請參考 "Is borstsparend opereren en bestralen beter dan amputeren?" ("Is a Lumpectomy Combined with Radiotheray Better than a Mastectomy?"). *Borstkankervereniging Nederland* (*Netherlands Breast Cancer Association*) (15 December 2015).

25 Marissa van Maaren, Linda de Munck, Lue Strobbe and Sabine Siesling, "Toelichting op berichgeving over onderzoek naar borstkankeroperaties" ("Comments on Reporting on Stuides into Breast Cancer Sugery"), *IKNL* (17 December 2015).

26 Ronald Veldhuizen, "Zijn borstamputaties tóch gevaarlijker dan borstsparende operaties?" ("Are Mastectomies More Dangerous than Lumpectomies after all?"), *de Volkskrant* (17 December 2015).

27 此處也是因為第三個關鍵因素:吸菸。吸菸者的體型通常較為纖細,但存活率更糟糕。Andrew Stokes and Samuel Preston, "Smoking and Reverse Causation Create an Obesity Paradox in Cardiovascular Disease" , *Obesity* (2015).

28 本章主要的關懷是肺癌,而不是其他類型的有害健康,例如其他癌症和心臟病。

29 我近來曾在TEDx的演說討論這個議題,請參考 "How to Defend Yourself against Misleading Statistics in the News" , *TEDx Talks* (3 November 2016).

30 "Moeten we misschien iets minder vlees eten?" ("Should We Eat a Little Less Meat?"), *Zondag met Lubach* (*Sunday with Lubach*), VPOR (1 November 2015).

31 Martijn Katan, "NRC Opinie 29-10-2015: Vleeswaren en darmkander" ("NRC Opinion 29-10-2015: Processed Meats and Bowel Cancer"), *mkatan.nl* (29 October 2015).

32 "Q&A on the Carcinogenicity of Consumption of Red Meat and Processed Meat" , World Health Organization (October 2015).

33 Fritz Lickint, "Tabak und Tabakrauch als ätiologischer Faktor des Carcinoms"

("Tobacco and Tobacco Smoke as Aetiological Factor of Carcimoa"), *Zeitschrift for Krebforschung und Klinische Onkologie* (*Journal of Cancer Research and Clinical Oncology*) (December 1930).

34 Richard Doll and Austin Braford Hill, "A Study of the Aetiology of Carcinoma of the Lung" , *British Medical Journal* (1952).

35 Robert Proctor, *Golden Holocaust: Origins of the Cigarette Catastrophe and the Case for Abolition*.

36 菸草產業已經被迫公開文件，讀者可在 *Legacy Tobacco Documents Library* 網站查詢所有文獻。

37 "The only #climatechagne chart you need to see http://natl.re/wPKpro (h/t @PowelineUS)" , @NationalReview on Twitter, 14 December 2015.

38 Roz Pidcock, "How Do Scientists Measure Global Temperature" , *CarbonBreif* (16 January 2015).

39 "GISS Surface Temperature Analysis" , *data.giss.nasa.gov*（查詢日期：2018年1月8日）。

40 Roz Pidcok, "Scientists Compare Climate Change Impacts at 1.5C and 2C" , *CarbonBrief* (21 April 2016).

41 這是「改變平均數」，意思是計算5年的平均溫度，每年都會產生改變。

42 "Statement by Darrell Huff" , *Truth Tobacco Industry Document*.

43 Ronald Fisher, *Smoking. The Cancer Controversy: Some Attempts to Assess the Evidence* (F.R.S. Oliver and Boyd, 1959).

44 David Salsburg, *The Lady Tasting Tea* (A.W.H. Freeman, 2001).

45 David Roberts, "The 2 Key Points Climate Skeptics Miss" , *Vox.com* (11 December 2015).

46 Claude Teague, "Survey of Cancer Research" (1953).

47 "WHO Statement of Philip Morris Funded Foundation for a Smoke-Free World" , World Health Organization (28 September 2017).

48 Naomi Oreskes and Erik Conway, *Merchants of Doubt: How a Handful of Scienetists Obscured the Truth on Issues from Tobacco Smoke to Global Warming*.

49 Martijn Katan, "Hoe melkvet gezond wordt" ("How Milk Fat Becomes Heatlthy?"), *mkatan.nl* (30 January 2010).

50 Christie Aschwanden, "Theres No Such Thing As "Sound Science"", *FiveThirtyEight* (6 December 2017).

51 資料來源是與大衛・杜伯兒子的私人通訊，引用於 Robert Proctor, *Golden Holocaust: Origins of Cigarette Catastrophe and the Case of Abolition*。

52 Alex Reinhart, "Huff and Puff", *Significance* (October, 2014).

第5章

1 珍妮佛的故事來自 Shivani Siroya 在 TED 發表的演講 "A Smart Loan for People with No Credit History(Yet)", *TED.com* (February 2016).

2 本章的內容大量取材於《*Weapons of Math Destruction*》by Cathy O' Neil (Crown, 2016).

3 Sean Trainor, "The Long, Twisted History of Your Credit Score", *Time* (22 July 2015).

4 數據也在人臉辨識中占有一席之地，數字用於測量人的臉龐。

5 "Date Never Sleeps 5.0", *domo.com*（查詢日期：2018年8月14日）

6 Brian Resnick, "How Data Scientists Are Using AI for Suicide Prevention", *Vox.com* (9 June 2018).

7 Celine Herweijer, "8 Ways AI Can Help Save the Planet", *World Economic Forum* (24 January 2018).

8 "No Longer Science Fiction, AI and Robotics Are Transforming Healthcare", *PWC Global*（查詢日期：2018年8月15日）。

9 Mallory Soldner, "Your Company' s Data Could End World Hunger", *TED.com* (September, 2016).

10 Louise Fresco, "Zeg me wat u koopt en ik zeg wat u stemt" ("Tell Me What You Buy and I Will Tell How You Vote"), *NRC* (16 November 2016).

11 Marc Hijink, "Hoe bepaalt de verzekeraar hoe veilig jij rijdt?" ("How Does Your Insurer Decide How Safe Your Driving is?"), *NRC* (5 April 2018).

12 Maurits Martijn, "Baas Belastingdienst over big data: 'Mijn missie is gedragsverandering'" ("Tax Authorities Chief: 'My Mission Is Behavioral Change'"), *De Correspondent* (21 April 2015).

13 Julia Dressel and Hany Farid, "The Accuracy, Fairness, and Limits of Predicting Recidivism", *ScienceAdvances* (17 January 2018).

14 Brain Christian and Tom Griffiths, *Algorithms to live by* (Henry Holt and Company, 2016).

15 Cathy O' Neil, *Weapons of Math Destruction*.

16 1959年,電腦科學家Arthur Samuel 發明「機器學習」一詞,並採用以下定義:「(機器學習是)一種學習領域,讓電腦有能力在沒有明確程式設定的情況之下進行學習。」

17 "Our Study", *zestfinance.com*(查詢日期:2018年8月14日)。

18 "Zest Automated Machine Learning", *zestfinance.com*(查詢日期:2018年8月14日)。

19 此段的內容取自於 "U staat op een zwarte lijst"("You Have Been Blacklisted") by Karlijn Kuijpers, Thomas Muntz and Tim Staal, *De Groene Amsterdammer* (25 October 2017).

20 Julia Dressel and Hany Farid, "The Accuracy, Fairness and Limits of Predicting Recidivism", *ScienceAdavances* (17 January 2018).

21 "Background Checking – The Use of Credit Background Checks in Hiring Decisions", *Society of Human Resource Management* (19 July 2012); 理論上,你確實可以拒絕背景審查。但實際上你別無選擇:拒絕資料審查,可能就會失去工作機會。

22 Amy Traub, *Discredited*, Demos (February 2013).

23 "Credit Reports", *Last Week Tonight with John Oliver*, HBO (10 April 2016).

24 在此處提到的報告內容提到45%的雇主以希望避免犯罪行為作為審查理由,19%的雇主則是想要評估應徵者的信用程度。

25 Jeremy Bernerth, Shannon Taylor, H. Jack Walker and Daniel Whitman, "An Empirical Investigation of Dispositional Antecedents and Performance – Related Outcomes of Credit Scores", *Journal of Applied Psychology* (2012).

26 Kristle Cortés, Andrew Glover and Murat Tasci, "The Unintended Consequences of Employer Credit Check Bans on Labor and Credit Markets", Working Paper no. 16-25R2, Federal Reserve Bank of Cleveland (January 2018).

27 Sean Illing, "Proof That Americans Are Lying About Their Sexual Desires", *Vox.*

com (2 January 2018).

28 Seth Stephens-Davidowitz, *Everybody Lies* (Bloomsbury Publishing, London, 2017).

29 「所有的數據都是信用數據。」道格拉斯・麥瑞爾在TEDx演講中曾說。請參考 "New Credit Scores in a New World: Serving the Underbanked" (13 April 2012).

30 Karlijn Kuijpers, Thomas Muntz and Tim Staal, "U staat op een zwarte lijst" ("You Have Been Blacklisted"), *De Groene Amsterdammer* (25 October 2017).

31 *Report to Congress Under Section 319 of the Fair and Accurate Credit Transactions Act of 2003*, Federal Trade Commission (December 2012).

32 Lauren Brennan, Mando Watson, Robert Klaber and Tagore Charles, "The Importance of Knowing Context of Hospital Episode Statistic When Reconfiguring the NHS", *BMJ* (2012).

33 Jim Finkle and Aparajita Saxena, "Equifax Profit Beats Street View as Breach Costs Climb", *Reuters* (1 March 2018).

34 Cathy O'Neil, *Weapon of Math Destruction.*

35 "Stat Oil", *Economist* (9 February 2013).

36 Ron Lieber, "American Express Kept a (Very) Watchful Eye on Charges", *New York Times* (30 January 2009).

37 Robinson Meyer, "Facebook's New Patent, 'Digital Redlining', and Financial Justice" *The Atlantic* (25 September 2015).

38 "Stat Oil", *Economist* (9 February 2013).

39 Chris Anderson, "The End of Theory", *Wired* (23 June 2008).

40 Jesse Frederik, "In de economie valt een appel níet altijd naar beneden (ook al zeggen economen vaak van wel)" ("In the economy, the Apple does now Always Fall to the Ground〔Even thought Economists say it Does〕"), *De Correspondent* (24 September 2015).

41 Erick Schonfeld, "Eric Schmidt Tells Charlie Rose Google is "Unlikely" to Buy Twitter and Wants to Turn Phones into TVs", *TechChurch* (7 March 2009).

42 更精確地說,演算法的目標應該是預測民眾看醫生的次數,請參考David Lazer, Ryan Kennedy, Gary King and Alessandro Vespignani, "The Parable of

Google Flu: Traps in Big Data Analysis", *Science* (14 March 2014). 我也在以下的段落採用了這個文章的觀點。

43 這個相關性並非純屬意外，因為美國高中籃球賽季和流行性感冒的季節大約相同。

44 我對這個實驗的詮釋取自於：Tim Harford, *The Logic of Life* (Random House, 2009); Roland Fryer, Jacob Goeree and Charles Holt, "Experience-Based Discrimination: Classroom Games", *The Journal of Economic Education* (Spring 2005).

45 "Planning Outline for the Construction of a Social Credit System (2014-2020)"; translated into English by Rogier Creemers, *China Copyrights and Media* (14 June 2014). 後續的引用內容也來自於同一個資料來源。

46 Rogier Creemers, "China's Social Credit System: A Evolving Practice of Control", *SSRN* (9 May 2018).

47 Alipay Website, *intl.alipay.com*（查詢日期：2018年8月15日）。

48 本段和後續段落的內容取自 Rachel Botsman, "Big Data Meets Big Brother as China Moves to Rate Its Citizens", *Wired* (21 October 2017); Mara Hvistendahl, "Inside China's Vast New Experiment in Social Ranking", *Wiredi* (14 December 2017).

49 Paul Lewis, "'Fiction is Outperforming Reality': How YouTube's Algorithm Distorts the Truth". *Guardian* (2 February 2018).

50 "FTC Report Confirms Credit Reports Are Accurate", *CISION PR Newswire* (11 February 2013).

51 Maurits Martijn and Dimitri Tokmetzis, *Je hebt wél iets te verbergen* ("You *Do* Have Something to Hide"), *De Correspondent* (2016).

第6章

1 "Een glas alcohol is eigenlijk al te veel" ("One Glass of Alcohol is One Too Many"), *nos.nl* (13 April 2018).

2 本章內容的修訂版本刊登於 *De Correspondent*，標題為 "Waarom Slimme mensen dome dingen zeggen" ("Why Clever People Say Stupid Things")，日期為

2018年7月18日。本章部分內容受到 Tim Harford, "Your Handy Postcard-Sized Guide to Statistics" 的啟發，timharford.com，過去曾經刊登於《*Financial Times*》(8 February 2018).

3　Angel Wood et al, "Risk Thresholds for Alcohol Consumption: Combined Analysis of Individual-Participant Data for 599,512 Current Drinkers in 83 Prospective Studies" , *The Lancet* (14 April 2018).

4　@VinayPrasadMD on Twitter.

5　"Skills Matter: Further Results from the Survey of Adult Skills" (OCED Publishing, 2016).

6　"PISA 2012 Results: Ready to Learn Students' Engagement, Drive and Self-Believe (Volume III)" (OCED Publishing, 2013).

7　Sanne Blauw, "Waarom we slechte cijfers zoveel aandacht geven" ("Why We Pay So Much Attention to Bad Numbers"), *De Correspondent* (15 June 2017).

8　Sanne Blauw, "Het twaalfde gebod: wees je bewust van je eigen vooroordelen" , ("The Twelfth Commandment: Be Award of Your Own Prejudices"), *De Correspondent* (24 February 2016).

9　Dan Kahan, Ellen Peters, Erica Cantrell Dawson and Paul Slovic, "Motivated Numeracy and Enlightened Self-Government" , *Behavioral Public Policy* (May 2017). 關於這個研究的討論，我非常受益於 Ezra Klein, "How Politics Makes Us Stupid" , *Vox.com* (6 April 2014).

10　受訪者回答自己的政黨認同，卡漢和研究同仁將受訪者的答案轉換為符合科學計算的答案，並且區分為「自由派的民主黨支持者」以及「保守派的共和黨支持者」。

11　許多研究已經確認這個現象，不只是卡漢和他的研究同仁，舉例而言，請參考 Dan Kahan, Asheley Landrum, Katie Carpenter, Laura Helft and Kathleen Hall Jamieson, "Science Curiosity and Political Information Processing" , *Advances in Political Psychology* (2017).

12　Beth Kowitt, "The Paradox of American Farmers and Climate Change" , *fortune.com* (29 June 2016).

13　Ezra Klein, "How Politics Makes Us Stupid" , *Vox.com* (6 April 2014).

14　"Een extra glas alcohol kan je leven met 30 minuten verkorten" ("One Extra

Glass of Alcohol Can Shorten Your Life by 30 Minutes"), *AD* (13 April 2018).

15　Dan Kahan, Asheley Landrum, Katie Carpenter, Laura Helft and Kathleen Hall Jamieson, "Science Curiosity and Political Information Processing", *Advances in Political Psychology* (2017). 我對這個研究的討論受益於 Brian Resnick, "There May Be an Antidote to Politically Motivated Reasoning. And It's Wonderfully Simple", *Vox.com* (7 February 2017).

16　在本章後續內容，我會將「科學好奇心」描述為「好奇心」。

17　Tim Harford, "Your Handy Postcard-Sized Guide to Statistics", timharford.com, published previously in *Financial Times* (8 February 2018).

18　"Animal Models in Alcohol Research", *Alcohol Alert* (April 1994).

19　Chiara Scoccianti , Béatrice Lauby-Secretan , Pierre-Yves Bello , Véronique Chajes , Isabelle Romieu, "Female Breast Cancer and Alcohol Consumption: A Review of the Literature", *American Journal of Preventive Medicine* (2014).

20　*Richtijnen goede voiding 2015 (Guidelines for Healthy Eating)*, Netherlands Health Council (2005).

21　Roni Caryn Rabin, "Major Study of Drinking Will Be Shut Down", *New York Times* (15 June 2018).

22　Roni Caryn Rabin, "Federal Agency Courted Alcohol Industry to Fund Study on Benefits of Moderate Drinking", *New York Times* (17 March 2018)/

23　Owen Dyer, "$100m Alcohol Study Is Cancelled amid Pro-Industry 'Bias'". *BMJ* (19 June 2018).

後記

1　Sanne Blauw, "Waarom je better geluk dan rendement kunt meter" ("Why It's Better to Measure Happiness than Financial Returns"), *De Correspondent* (20 March 2015).

2　"OECD Better Life Index", http://www.oecdbetterlifeindex.org（查詢日期：2018年8月17日）。

3　*Monitor brede welvaar 2018 (Monitor of Well-being: a Broader Picture)*, Netherlands Statistics (2018).

4　"AEA RCT Registry" , http://www.socialscienceregistry.org（查詢日期：2018年8月16日）在開放科學中心註冊的報告則是另外一個例子。

5　"Estimating the Reproducibility of Psychology Science" , Open Science Collaboration, *Science* (2015).

6　請參考 *International Journal for Re-Views in Empirical Economics*.

7　Geert Bors, "Leraar zijn in relatie (2): je bent je eigen instrument" ("Being a teach in relation (2): You Are Your Own Agent"), *Stichting NIVOZ* (4 July 2018).

8　「我已經（在職業中學）教書3年了，沒有替學生打分數。我感到很輕鬆！學生不僅更有學習動力，整個上課氣氛也更放鬆了（沒有考試壓力）。即使是艱深的詞形變化，也不再是學習上的大問題了。這群調皮的小朋友讓我感到非常自豪。雖然我是學校中唯一不打分數的老師，但許多班級也開始想採用這樣的教學方式。」@bijlesduits on Twitter, 30 May 2018.

9　Sheila Sitalsing, "Dappere verkoopsters van de Bijenkorf bewijzen: protesteren tegen onzin heft zin" ("Brave Bijenkorf Department Store Sales Assistants Prove: Protesting Against Nonsense is Useful"), *de Volkskrant* (22 May 2018).

10　"Steeds meer beoordelingen: 'Dit geeft alleen maar stress'" ("More and More Evaluations Only Lead to Stress"), *Nieuwsuur* (24 April 2018).

11　http://www.openschufa.de（查詢日期：2018年8月17日）

12　selbstauskunft.net/schufa（查詢日期：2018年9月18日，當時已有27959名申請。

檢查表

1　這個問題清單受到其他相似清單的啟發，如 Tim Harford,《*Your Handy Postcard-Sized Guide to Statistics*》，Darrell Huff,《別讓統計數字騙了你》的最後一章，以及 Michelle Nijhuis,《*The Pocket Guide to Bullshit Prevention*》。

國家圖書館出版品預行編目（CIP）資料

數字偏見：不再被操弄與誤導，洞悉偽科學的防彈思考 /
桑妮‧布勞（Sanne Blauw）作；林曉欽譯 . -- 初版 . -- 臺
北市：今周刊出版社股份有限公司 , 2021.12
　　面；　　公分 . --（Wide 系列；4）
譯自：The number bias : how numbers lead and mislead us
ISBN 978-626-7014-24-0（平裝）
1. 社會科學　2. 數字

500　　　　　　　　　　　　　　　　　110017042

Wide 系列 004

數字偏見
不再被操弄與誤導，洞悉偽科學的防彈思考
The Number Bias: How Numbers Lead and Mislead Us

作　　　者	桑妮‧布勞（Sanne Blauw）
譯　　　者	林曉欽
資深主編	許訓彰
副總編輯	鍾宜君
校　　　對	蔡緯蓉、許訓彰
行銷經理	胡弘一
行銷企畫	林律涵
封面設計	FE 設計
內文排版	藍天圖物宣字社

出 版 者	今周刊出版社股份有限公司
發 行 人	梁永煌
社　　長	謝春滿
副總經理	吳幸芳
副 總 監	陳姵蒨

地　　　址	台北市中山區南京東路一段 96 號 8 樓
電　　　話	886-2-2581-6196
傳　　　真	886-2-2531-6438
讀者專線	886-2-2581-6196 轉 1
劃撥帳號	19865054
戶　　　名	今周刊出版社股份有限公司
網　　　址	http://www.businesstoday.com.tw

總 經 銷	大和書報股份有限公司
製版印刷	緯峰印刷股份有限公司
初版一刷	2021 年 12 月
定　　　價	360 元

Wide

Wide

Wide

Wide